BOLSONARO

O HOMEM QUE PEITOU O EXÉRCITO E DESAFIA A DEMOCRACIA

BOLSONARO

O HOMEM QUE PEITOU O EXÉRCITO E DESAFIA A DEMOCRACIA

Clóvis Saint-Clair

Copyright © 2018 Clóvis Saint-Clair

Direção editorial: **Bruno Thys e Luiz André Alzer**

Capa: **André Hippertt**

Projeto gráfico e diagramação: **Mariana Erthal**

Revisão: **Camilla Mota**

Foto da capa: © **Aloisio Mauricio/Fotoarena/Agência O Globo**

Dados Internacionais de Catalogação na Publicação (CIP)
eDOC BRASIL, Belo Horizonte/MG

Dados Internacionais de Catalogação na Publicação (CIP)
(eDOC BRASIL, Belo Horizonte/MG)

S136b Saint-Clair, Clóvis, 1967-,
   Bolsonaro: o homem que peitou o exército e desafia a democracia / Clóvis Saint-Clair. – Rio de Janeiro (RJ): Máquina de Livros, 2018.
   192 p. : 16 x 23 cm

   Bibliografia: p. 187-188
   ISBN 978-85-54349-02-08

   1.Bolsonaro, Jair Messias, 1955- Biografia . 2. Brasil – Política e governo. 3. Políticos – Brasil – Biografia. I. Título.
   CDD 923.2

Grafia atualizada segundo o Acordo Ortográfico da Língua Portuguesa de 1990, em vigor no Brasil desde 2009.

1ª edição, 2018

Todos os direitos reservados à **Editora Máquina de Livros LTDA**
CNPJ: 28.893.973/0001-16
www.maquinadelivros.com.br
contato@maquinadelivros.com.br

Nenhuma parte dessa obra pode ser reproduzida, em qualquer meio físico ou eletrônico, sem a autorização da editora.

À minha companheira, Tatiana, e aos meus filhos, Pedro, André e Glória.
Aos brasileiros que lutam por um Brasil mais democrático e igualitário, e contra a intolerância religiosa, racial e de gênero.

SUMÁRIO

Prefácio 11

Capítulo 1 — Capitão do mato 15

Capítulo 2 — O jovem Palmito 19

Capítulo 3 — Cavalão verde-oliva 23

Capítulo 4 — Toque de recolher 27

Capítulo 5 — Um plano bombástico 33

Capítulo 6 — Sentido! 39

Capítulo 7 — Da caserna à política 43

Capítulo 8 — Novo quartel 49

Capítulo 9 — Batalhão de Bolsonaros 59

Capítulo 10 — Saudades da ditadura 69

Capítulo 11 — Gays sempre na mira 81

Capítulo 12 — Mulheres e um barraco federal 103

Capítulo 13 — Índios e negros também no alvo 119

Capítulo 14 — Questão de ética 131

Capítulo 15 — O "mito" na intimidade 159

Capítulo 16 — Um fenômeno na internet 169

Agradecimentos 185

Fontes de pesquisa 187

Nota do editor 189

PREFÁCIO

A bandinha militar avança em marcha pela praça. Um anão vestido de soldado empunha um estandarte bordado com a letra B. Logo atrás, o comediante Márvio Lúcio, o Carioca do "Pânico na Band", é carregado nos braços dos seguranças de Bolsonabo — o personagem que ele encarna, de terno e sobrancelhas revoltosas, em paródia ao deputado federal Jair Messias Bolsonaro. Uma pequena aglomeração se forma em torno do cenário montado no Calçadão de Carapicuíba, região metropolitana de São Paulo — mas também poderia ser na Praça da Sé, no coração popular da capital paulista, como ocorreu em outras oportunidades. Da bancada montada de frente para o púlpito onde Bolsonabo se aboleta com banda, seguranças e asseclas, ornado ao fundo com torres que imitam um castelo medieval e galhardetes verde-amarelos trazendo o B inscrito, um rapaz de voz afeminada se apresenta ao microfone:

— Rodrigo, prazer...

Márvio Lúcio joga o pescoço para os lados, estica os lábios e aperta os olhos para emprestar a Bolsonabo um sorriso irônico. O humorista pergunta:

— Há quanto tempo você voa por aí?
— Há muito tempo, desde novo... Você não voa também?
— Eu voo a mão na sua cara!
— Venha...
— Pra tu tomar vergonha...
— Já tenho muuuuuita...
— Não gosta de mulher mermo não?
— Não é do seu interesse...
— Pode fazer sua pergunta...
— Você sabia que pode ser preso por homofobia?

A plateia faz um "ohhhhh", antes de Carioca retrucar de bate-pronto, ao estilo do personagem que parodia:

— É melhor ser preso por homofobia do que ter a ruela sooooltaaaaa!

O populacho gargalha, e Bolsonabo vibra com seu séquito, como se tivesse marcado um gol no Maracanã.

As "Mitadas do Bolsonabo" foram um dos quadros mais populares do "Pânico na Band" até o programa ser extinto, em 31 de dezembro de 2017. Seus episódios acumulam milhões de visualizações no canal da atração no YouTube. Esse do diálogo entre Rodrigo e Bolsonabo, publicado em agosto de 2017, contabilizava 1,89 milhão de views em maio de 2018. A receita era a mesma de outras atrações do humorístico: a aposta na comicidade politicamente incorreta, em que os alvos preferenciais são gays, mulheres e negros, justamente os grupos que são ofendidos pelos discursos e pelas atitudes que marcam a pauta e o histórico do deputado federal mais votado pelo Rio de Janeiro nas eleições de 2014.

O sucesso das "Mitadas" reflete o ambiente social, econômico e político no Brasil a partir do processo de impeachment da presidenta Dilma Rousseff: uma crise em todas as esferas, que propiciou o fortalecimento da extrema-direita no país e do candidato que a representa. Numa entrevista ao jornal "Valor Econômico" em fevereiro de 2018, o brasilianista e historiador britânico Kenneth Maxwell, fundador do Programa de Estudos Brasileiros do Centro David Rockefeller para Estudos Latino-Americanos da Universidade de Harvard, nos Estados Unidos, respondeu assim à pergunta do jornalista Ricardo Lessa sobre a ascensão do deputado nas pesquisas de opinião:

— É uma pessoa sem preparo, mas também extremamente atraente para parte da população desiludida com a política em geral e com as lideranças atuais no Congresso. Pode ser comparado a um Silvio Berlusconi tropical. O governo de Berlusconi na Itália foi o resultado político, de fato, da campanha Mãos Limpas. Uma operação antimáfia de juízes honestos que destruíram políticos e homens de negócios corruptos, mas, no fim, também destruíram o sistema político em si.

Algum paralelo com o Brasil da Lava-Jato?

O problema das "Mitadas", portanto, não é o politicamente incorreto em si — é próprio do humor contestar o politicamente correto —, mas o que simbolicamente representa. Daí, a importância de se desconstruir o mito em torno do personagem. Por isso, tentou-se preservar ao longo deste livro a íntegra de suas entrevistas e pronunciamentos, num trabalho baseado estritamente em técnica jornalística e de pesquisa.

Considerada por alguns ainda uma piada, como ocorreu a Donald Trump nos Estados Unidos em 2016, a candidatura de Bolsonaro deve ser levada a sério.

Junho de 2018
Clóvis Saint-Clair

CAPÍTULO 1
CAPITÃO DO MATO

O Vale do Ribeira era um paraíso perdido em 1970. Localizado ao sul de São Paulo e a leste do Paraná, permanecera às margens do desenvolvimento econômico que afetaria a região a partir da construção da rodovia BR-116, na década de 1960, ligando a capital paulista a Curitiba, no Paraná. Mantivera-se com a mais baixa densidade demográfica do Estado de São Paulo. Atravessara os ciclos do ouro, da erva-mate, do arroz e do chá quase imune aos efeitos colaterais que o progresso costuma implicar, e tinha a economia ancorada no comércio de bananas. Tudo mudou às 13h de uma sexta-feira, 17 de abril daquele ano, quando um agente do Centro de Informações do Exército (CIE) denunciou ao II Exército a existência de um campo de treinamento de guerrilheiros no Vale do Jacupiranguinha, um pouco mais ao sul do Ribeira, num sítio próximo a um rio com cachoeiras de águas cristalinas.

Presidido pelo general Emílio Garrastazu Médici desde outubro de 1969, o Brasil vivia o período mais violento e de maior repressão da ditadura militar. Um mês antes, a ação revolucionária comemorara a libertação de cinco presos políticos em troca da vida do cônsul-geral do Japão em São Paulo, Nobuo Okuchi, sequestrado na capital paulista na tarde de 11 de abril. Por isso, a reação do comando do II Exército ao informe do CIE foi imediata. O 2º Batalhão de Polícia do Exército enviou à região duas equipes: uma de choque e outra à paisana. A primeira tentativa de cerco foi frustrada. Quando chegaram ao sítio, os militares o encontraram abandonado e retornaram à capital no dia seguinte.

No domingo 19, porém, agentes do CEI informaram que militantes presos no Centro de Operações e Defesa Interna (Codi), no Rio, revelaram sob tortura que o rancho estava desocupado, sim, mas que havia perto dali outras bases onde os guerrilheiros estariam escondidos. Na segunda-feira 20, enquanto o presidente dos Estados Unidos, Richard Nixon, anunciava pela TV a retirada de 150 mil soldados norte-americanos do Vietnã, quatro helicópteros e quatro aviões monomotores North-American T6 aterrissavam no campo de pouso da pequena cidade de Registro, trazendo tropas, armas e munições do Exército. Logo, seriam empregados 1.500 homens na caça aos guerrilheiros.

Os militares estavam no encalço de um companheiro de caserna, o capitão Carlos Lamarca, líder da Vanguarda Popular Revolucionária (VPR). Na tarde de uma sexta-feira, 24 de janeiro de 1969, ele deixara o quartel do 4º Regimento de Infantaria de Quitaúna, bairro de Osasco, em São Paulo — a bordo de uma Kombi com três soldados, 63 fuzis FAL, três metralhadoras INA e munição —, para adentrar na vida clandestina.

A fusão da VPR com o Comando de Libertação Nacional (Colina), decretada no Congresso da Vanguarda Armada Revolucionária (VAR) em agosto de 1969, não dera certo, e Lamarca estava desde novembro no Vale do Ribeira, treinando o primeiro grupo de guerrilha da nova VPR. O campo de treinamento ficava num sítio de 80 alqueires de terreno acidentado, na altura do km 510 da Rodovia Régis Bittencourt, a BR-116, no distrito de Capelinha. A propriedade havia sido adquirida por Monteiro, nome falso de Joaquim dos Santos, das mãos do prefeito de Jacupiranga, Manoel de Lima.

O objetivo era enviar os militantes mais destacados para duas regiões no Nordeste, de onde se deflagraria o movimento guerrilheiro. Mas logo o plano foi abortado para que o grupo, simplesmente, tentasse escapar do cerco das Forças Armadas. A perseguição contou com 20 mil militares e até aviões bombardeiros B 25. Um exército desproporcional para a tarefa de prender 18 homens que haviam chegado ali aos poucos, numa caminhonete Rural Willys, vindos de unidades de combate de São Paulo, Rio Grande do Sul e da então Guanabara. Entre 21 de abril e 31 de maio de 1969, o Vietnã era no Ribeira.

Foi nesse cerco que os destinos do capitão Lamarca e de Palmito se cruzaram. Jair Messias Bolsonaro tinha 14 anos. Era alto, branquelo e costumava extrair o miolo das palmeiras em fazendas da região para ajudar no sustento da família. Daí, o apelido — que virava "parmito" no paulistês do interior e do qual ele não gostava. Já que conhecia as matas do Ribeira como a "parma da mão", aproximou-se dos militares do Exército oferecendo informações para ajudar na captura de Lamarca.

O comandante da VPR estava em retirada. Havia sofrido baixas, e tudo que queria naquele momento era sair dali e retornar com os companheiros de luta armada a São Paulo. Estavam a 12 quilômetros ao sul de Cajati e a seis quilômetros da BR-116. A rota de fuga passava por Eldorado Paulista. Disfarçados de caçadores, alugaram um caminhão em Barra do Areado e partiram em direção a Sete Barras. Em Eldorado, depararam-se com uma barreira da Polícia Militar.

Eram 18h da sexta-feira 8 de maio, quando os primeiros tiros foram disparados próximo à Praça Nossa Senhora da Guia, no Centro da cidadezinha. Palmito estava na escola, a menos de 100 metros do local do confronto. Assustados, os professores evacuaram as salas de aula e ordenaram que os alunos atravessassem a praça rastejando para se proteger das balas, que feriram, mas não mataram, seis soldados e uma moradora.

Moldado pelas aulas de História que nos Anos de Chumbo tratavam o Golpe de 64 como revolução e comunistas como comedores de criancinhas, Palmito já tinha manifestado nos bancos escolares ódio a João Goulart, o presidente deposto pela ditadura, e enxergou os militares que enfrentaram Lamarca como heróis. Um deles lhe entregou o prospecto de Instrução de Concurso de Admissão e Matrícula da Escola Preparatória de Cadetes do Exército.

Lamarca chegaria ileso a São Paulo em 31 de maio, mas não escaparia de outro cerco, na Bahia. Localizado por uma patrulha quando descansava à sombra de uma árvore com o companheiro José Campos Barreto, codinome Jessé, foi morto a tiros no dia 17 de setembro de 1971, perto de Pintada, distrito de Ipupiara. Pouco mais de um ano depois, encantado com o Exército Brasileiro, Palmito prestaria concurso para ingressar nas Forças Armadas.

Nascia ali o Capitão Bolsonaro, que, curiosamente, deixaria o Exército no mesmo posto do inimigo a quem tentou rastrear nas matas do Ribeira e que lhe inspirou às avessas o desejo de seguir a carreira militar.

CAPÍTULO 2
O JOVEM PALMITO

Jair Messias Bolsonaro nasceu sob o signo de Áries, em 21 de março de 1955, uma segunda-feira de lua minguante, em Glicério, São Paulo, a 440 quilômetros da capital. Com pouco mais de quatro mil habitantes, segundo o Censo de 2010, o município paulista foi fundado em 1925 com este nome em homenagem ao general Francisco Glicério Cerqueira Leite, antigo dirigente do Partido Republicano Paulista. Jair Messias foi o segundo dos seis filhos do dentista prático Percy Geraldo Bolsonaro e de sua mulher, a dona de casa Olinda Bonturi Bolsonaro.

O nome composto foi para atender e conciliar as vontades de pai e mãe. Durante a gravidez, muito complicada, dona Olinda — ou dona Linda, para os íntimos — decidira que o bebê, se fosse homem, iria se chamar Messias: religiosa que era, atribuía ao divino o milagre do nascimento do rebento. O palmeirense Geraldo, por sua vez, acatou a sugestão de um vizinho de batizar o filho com o nome do meia-esquerda da seleção brasileira Jair Rosa Pinto, que também nascera em 21 de março e, à época, defendia o alviverde.

Naquele fim de semana, porém, o craque não participou da goleada do Palmeiras sobre o Juventus, por 5 a 0. As atenções no Brasil ainda estavam voltadas para os II Jogos Pan-Americanos, na Cidade do México — onde Adhemar Ferreira da Silva faturara o ouro e batera o recorde mundial no salto triplo, cinco dias antes — e para a corrida presidencial no país: no dia do nascimento de Jair Messias, enquanto o general Canrobert Pereira da Costa refutava sua candidatura, Juarez Távora e Plínio Salgado anunciavam as suas, para o pleito que seria vencido por Juscelino Kubitschek em outubro daquele ano.

A política rondava a família Bolsonaro numa época em que as paixões eram extremadas. Havia dois partidos na região do Ribeira: o dos "pés-lisos", formado por representantes das classes mais abastadas; e o dos "pés-rachados", dos defensores dos mais pobres. Não raro, os debates terminavam em tiroteio em praça pública, quando dona Olinda punha a filharada para dentro de casa e os fazia dormir debaixo da cama. O pé-rachado Percy Geraldo Bolsonaro chegou a ser preso por "perseguição política", acusado de exercer ilegalmente a profissão de dentista. Ele fora auxiliar de um odontologista em Campinas, onde aprendera a moldar dentaduras, fazer obturações e extrair dentes, mas não tinha diploma superior. Para sair do xilindró, fez um acordo comprometendo-se a atuar apenas como protético.

Geraldo era de uma família de imigrantes italianos e deixara Campinas para ganhar a vida no Vale do Ribeira, onde não havia dentistas. Abriu um consultório em Glicério e atendia também na zona rural, montado numa mula. De lá, passou por Jundiaí e Sete Barras, até se fixar em Eldorado Paulista, onde chegou a ser candidato a prefeito, na década de 70, pelo MDB, que fazia oposição à ditadura militar. Embora fosse rígido, Geraldo era bem menos radical que o filho Jair, que já na adolescência abominava comunistas.

A relação com o pai não era das melhores. Jair Messias não gostava do comportamento de seu Geraldo, um sujeito duro e enérgico, mas que era dado à boemia, tinha fama de beberrão e fumava muito, apesar de não permitir que os filhos fizessem o mesmo. Dona Olinda compensava a frieza. Era uma mãe afetuosa, preocupada com os meninos e os mantinha na linha na base do carinho, com hora certa para comer e dormir. Procurava dar uma educação que não transformasse Jair Messias e os irmãos — Guido, Denise, Solange, Renato e Vânia — em crianças estúpidas ou brutas.

Embora ficasse nervoso quando provocado e reagisse com aspereza nessas ocasiões, Jair Messias Bolsonaro era um menino manso e humilde, reservado e compreensivo, com uma personalidade bem diferente daquela que desenvolveria quando adulto. Estudioso, tirava boas notas em Português, Matemática e Ciências, e desde cedo buscou independência financeira para ajudar a família. Aos 12 anos, além de se embrenhar na mata puxando um burro para extrair palmito da Fazenda Kirongozi, que seu pai administrava, pescava de rede à noite, no Rio Ribeira de Iguape, de onde tirava cascudos. Os peixes eram limpos e vendidos na cidade por seus irmãos na manhã seguinte.

Seus passatempos preferidos, além da pescaria, incluíam caçar passarinhos com espingarda de chumbinho, assistir a filmes de Mazzaropi, ouvir

Tonico e Tinoco no rádio e jogar futebol na praça. Não era bom de bola, mas gostava de praticar o esporte. Apesar da falta de intimidade com a redonda e do estilo desengonçado debaixo das traves, conseguiu vaga como goleiro no Madureira, time amador de Eldorado, que disputava o campeonato regional do Ribeira.

A carreira no futebol não teve sequência. A oportunidade que Jair Messias agarraria na vida não estava ligada à bola, mas ao folheto que recebera das mãos de um soldado, quando tentou ajudar o Exército a capturar o comunista Carlos Lamarca.

CAPÍTULO 3
CAVALÃO VERDE-OLIVA

Jair Messias Bolsonaro podia ser bom aluno, mas interpretou mal o prospecto entregue pelo militar em maio de 1970. Em 1972, mesmo já tendo completado o científico (equivalente hoje ao ensino médio), prestou concurso para a Escola Preparatória de Cadetes do Exército (EsPCEx), quando deveria ter se inscrito para fazer um curso superior na Academia Militar das Agulhas Negras (Aman). Só percebeu o equívoco quando começou a frequentar as aulas do curso de eletricidade, em Campinas, no ano seguinte. Somente no fim de 1973, faria a prova para a Aman.

Num dia preguiçoso durante as férias de verão, Jair Messias desfrutava do *dolce far niente* na praça de Eldorado, quando foi abordado pela operadora da única cabine telefônica da cidade. Havia uma ligação para ele. Do outro lado da linha, o capitão Amaro dos Santos Lima, instrutor do jovem Bolsonaro na EsPCEx, passava um pito no pupilo:

— Ô, Bolsonaro, você não vai se apresentar na Academia, não? Amanhã é o último dia... Você passou no concurso!

A notícia provocou alvoroço na família, orgulhosa do garoto. O protocolo de apresentação exigia terno e gravata, e Jair Messias teve que tomar emprestado um de seu tio João, bem mais baixo do que ele. Como o paletó cobria apenas metade de seu antebraço, cruzou os portões da Aman, em Resende, encolhendo os ombros, para disfarçar a deselegância, naquele começo de 1974.

Na Academia, Jair teria que disfarçar outras carências. O nível de exigência das disciplinas era bem maior do que aquele com o qual estava acostumado. O cadete sofria nas aulas de Geometria Descritiva e chegou a pensar em desistir. Dispensado pelo departamento psicotécnico de ensino, ganhou uma semana de folga para pensar na vida e decidir se queria continuar.

Bolsonaro passara com louvor pelos trotes da EsPCEx e da Aman, incluindo o chamado "pipoca". Funcionava assim: os novatos eram trancados dentro de armários de aço, e os veteranos ateavam fogo por baixo dos móveis, para aquecer o assoalho metálico e fazer os colegas pularem feito pipoca lá dentro. Quando chegou em casa e foi se aconselhar com o pai, não teve conversa:

— Pai, está sendo muito difícil para mim. Não sei se volto para a EsPCEx ou apenas confirmo minha baixa na Aman. O que o senhor acha?

— Amanhã cedo você embarca num ônibus da Viação 9 de Julho para São Paulo. Depois, você vai pegar o "Cometão", para descer em Resende. E não se discute mais o assunto.

Jair Messias deu seu jeito e passou de ano. Destacava-se mais, porém, nas atividades físicas. Foi recordista na corrida de 4km fardado e começou a competir no pentatlo. Seu vigor lhe valeu o apelido de Cavalão — como os militares se referem a quem exibe bom porte físico. A alcunha era quase a mesma de seu desafeto Fidel Castro, chamado em Cuba de El Comandante, El Jefe Máximo e, também, de El Caballo.

Cavalão alimentava sonhos de Pégaso e, no último ano de academia, em 1977, candidatou-se ao curso de paraquedismo. Por ironia do destino, o filho de um dentista prático teve a inscrição cancelada por causa de uma cárie no pré-molar, descoberta por um coronel durante a avaliação médica. Jair Messias fez uma vaquinha entre os colegas para pagar a obturação, em Resende, e cumprir a exigência.

O tratamento foi simples, mas provocou a primeira desavença entre Bolsonaro e seus superiores — o que se tornaria comum em sua carreira militar. No dia da cerimônia conhecida como "marcação de capacetes", em que os cadetes aprovados para o curso recebem seus capacetes numerados, Jair Messias foi informado pelo major Gilberto de que estava fora:

— Você não poderá fazer o curso, porque foi reprovado no exame odontológico.

— Não, senhor major. Eu fui aprovado.

— Bolsonaro, o senhor não fará o curso. Volte para sua ala agora.

— Major, eu quero ser paraquedista.

Cavalão empacou e se recusou a obedecer a ordem. Percebendo a tensão, o comandante do Corpo de Cadetes, coronel Ney Almério Ferreira Diniz, aproximou-se, tomou ciência da história e convocou o coronel dentista que havia avaliado os dentes de Jair Messias para uma acareação. As versões não bateram, e o aspirante a oficial perdeu a paciência:

— O senhor está mentindo, coronel!

Sabendo que a acusação de Bolsonaro equivalia a um coice — não era admissível chamar um superior hierárquico de mentiroso na frente de outro oficial — Almério tentou corrigir o rumo daquela prosa:

— Bolsonaro, o senhor pode se retratar com o coronel?

— Eu fui à cidade e obturei o dente por sugestão dele. Eu estou aprovado pelo exame odontológico, como ele mesmo disse quando retornei de Resende. O senhor pode olhar que o dente foi obturado.

A reação de Cavalão poderia lhe valer a expulsão da Aman, mas, sem qualquer explicação, ele acabou aceito no grupo. Dos 160 cadetes que iniciaram a preparação, 33 se formaram paraquedistas. Após a conclusão do treinamento na Brigada Paraquedista, Bolsonaro foi servir como aspirante-a-oficial no 21º Grupo de Artilharia de Campanha (GAC), no bairro de São Cristóvão, no Rio de Janeiro.

Foi lá que passou por uma experiência que costuma lembrar para se defender da pecha de racista. Durante um treinamento na 2ª Bateria de Obuses, em que os militares tinham que atravessar uma lagoa caminhando sobre um cabo de aço, com as mãos apoiadas numa corda sacolejada por um sargento, viu o soldado Celso perder o equilíbrio e ser tragado pela água opaca e lamacenta que impedia o socorro do barco de apoio. A dois metros e meio de profundidade, Negão Celso, como era conhecido o soldado, foi resgatado: Bolsonaro se livrou do coturno e, após uma tentativa fracassada, conseguiu localizar o companheiro debaixo d'água, trazê-lo à tona e, depois, à margem.

De lá, Bolsonaro foi para o 9º GAC, em Nioaque, Mato Grosso do Sul, onde permaneceu entre 1979 e 1981. Em 1982, entrou para a Escola de Educação Física do Exército (EsEFEx), classificado em primeiro lugar entre 45 tenentes e capitães. Terminaria o curso em primeiro lugar, assim como acontecera no treinamento de mergulho autônomo oferecido pelo Grupo de Busca e Salvamento do Corpo de Bombeiros Militar do Estado do Rio de Janeiro (GBS), na Barra da Tijuca, quando mais uma vez desafiou ordens superiores.

Uma das provas de resistência consistia em se manter na superfície de uma lagoa em Jacarepaguá, Zona Oeste do Rio, com dez quilos de chumbo presos à cintura. Para atingir a nota máxima, era preciso suportar o teste por, no mínimo, dez minutos. Quando se aproximava da marca, já engolindo água e prestes a afundar, Cavalão ouviu do capitão instrutor:

— Aluno Zero Um, saia daí! Você vai acabar morrendo!

— Se eu morrer, é problema seu, capitão! Daqui eu não saio!

Daquela vez, Cavalão resistiu e faturou a nota máxima, mas escaparia da morte por um triz em outra oportunidade, num curso de salto livre militar da Brigada Paraquedista. Após as aulas teóricas, os militares saltavam de um teco-teco, de dois em dois. Ao sortearem seu parceiro, Bolsonaro enxergou um lance de sorte: ele teria a companhia do capitão Negão Adílson, seu colega de turma, que tinha fama de azarado:

— Pô, amigo, ainda bem que tô subindo contigo. Se for para acontecer algo de errado, já sei que vai ser com você...

As condições para o salto pareciam razoáveis, só que não: próximo ao pouso, havia uma ventania. A algumas dezenas de metros do solo, Cavalão perdeu o controle do equipamento e atravessou a Avenida das Américas — a mais movimentada da Barra da Tijuca —, com risco de ser atropelado ou de ter seu paraquedas embolado a algum veículo ou fio de alta-tensão. Ele se espatifou na parede de um prédio, despencou de uma altura de oito metros, rachou o capacete e teve fratura nos braços e tornozelos.

Não seria o ímpeto em desafiar as condições climáticas e físicas o que abreviaria a carreira militar de Bolsonaro, e sim a sua falta de tato para lidar com ordens superiores. Não as divinas — afinal, até hoje proclama, sempre que pode, a máxima "Deus no comando!" —, mas as terrenas. Cavalão não aceitava cabrestos.

CAPÍTULO 4
TOQUE DE RECOLHER

Em 1986, o Cometa Halley atravessava os céus do planeta, mais ou menos visível a olho nu, e o Brasil comemorava um ano de democracia, após 21 anos de ditadura militar. Mas nem tudo eram flores. Enquanto o "Xou da Xuxa" estreava na TV Globo com direito a paquitas e nave espacial no cenário, um vazamento nos tanques de combustível causava a explosão do ônibus espacial Challenger, 73 segundos após a decolagem. Os sete tripulantes morreram diante de milhares de telespectadores que acompanhavam o lançamento da aeronave, num dia de temperatura abaixo de zero e céu azul no Centro Espacial Kennedy, na Flórida. Três meses depois, em abril, uma explosão na usina nuclear de Chernobyl, na Ucrânia, então uma república soviética, provocava o maior acidente nuclear da história.

O Brasil havia sido eliminado da Copa do Mundo do México, nas quartas de final, nos pênaltis, pela França, que se tornaria algoz da seleção em outros dois mundiais. José Sarney era o presidente da República e tinha lançado, em fevereiro, o Plano Cruzado, que congelara preços. O país sofria com os altos índices de inflação, que chegou a 256%, em fevereiro, e com as prateleiras dos supermercados vazias.

Em agosto, a taxa já tinha baixado para 137%, mas o descontentamento na caserna era grande. Bolsonaro não se conformava com os baixos salários da tropa e reclamava muito no quartel. Inúmeras vezes, foi repreendido por superiores, que não admitiam esse tipo de contestação em suas fileiras. Mas Cavalão era indomável e avançou sobre as ordens hierárquicas. Fiscal administrativo do 8º Grupo de Artilharia de Campanha Paraquedista, em Deodoro, na Zona Oeste do Rio, ele resolveu botar a boca no trombone e procurou a redação da "Veja" (na época, a revista de maior prestígio no mundo político brasileiro e a primeira em circulação no país, com mais de um milhão de exemplares a cada semana). Ofereceu um artigo para a concorrida seção "Ponto de vista", na última página.

Na primeira quinzena daquele mês, Bolsonaro cruzou a cidade para ir à sede da sucursal carioca da revista, na Rua da Passagem, em Botafogo, Zona Sul do Rio. Entregou o artigo e posou para fotos, fardado e com a boina grená dos paraquedistas das Forças Armadas. O texto deveria sair na edição que chegaria às bancas no sábado 24, mas ficou para o fim de semana seguinte, aumentando a ansiedade do capitão, que fora convocado para liderar a equipe de atletismo do Comando Militar do Leste nos Jogos Desportivos do Exército.

Cavalão procurou controlar o nervosismo jogando War, um de seus passatempos prediletos, no alojamento dos atletas. Ele sabia que transgredira o Regulamento Disciplinar do Exército (RDE) — ou "dera o golpe", como se diz nos quartéis quando o militar burla a regra de um dos regimentos — ao oferecer seu depoimento à revista sem a autorização do superior. Na noite do sábado 31, foi para o Centro da cidade espairecer e vagou pelas ruas até as 4h da matina, quando retornou ao 2º Regimento de Cavalaria de Guarda (RCG), na Vila Militar, na Zona Oeste do Rio, onde estava alojado.

O artigo caiu como uma bomba no colo da cúpula das Forças Armadas. A imprensa divulgara recentemente que havia uma onda de desligamentos de cadetes da Academia Militar das Agulhas Negras (Aman) por desvios de conduta — homossexualidade, consumo de drogas e falta de vocação para a carreira —, mas Cavalão revelou no artigo intitulado "O salário está baixo" que a debandada se devia, na verdade, à crise financeira e à falta de perspectivas como um todo. Bolsonaro escrevia com todas as letras:

> Como capitão do Exército brasileiro, da ativa, sou obrigado pela minha consciência a confessar que a tropa vive uma situação crítica no que se refere a vencimentos. Uma rápida passada de olhos na tabela de salários do contingente que inclui de terceiros-sargentos a capitães demonstra, por exemplo, que um capitão com oito a nove anos de permanência no posto recebe — incluindo soldo, quinquênio, habitação militar, indenização de tropa, representação e moradia, descontados o fundo de saúde e a pensão militar — exatos 10.433 cruzados por mês. Um terceiro-sargento, com o mesmo tempo de permanência e os mesmos adicionais, não passa dos 4.134 cruzados *(nota do autor: o salário-mínimo nesta época era de 804 cruzados)*. Estes números,

aliás, pertencem a um universo salarial cuja mobilidade — ou perspectiva de ascensão profissional e hierárquica — pode ser medida com dois exemplos: um sargento, para atingir a faixa salarial de um aspirante-a-oficial, deve ter no mínimo 24 anos de serviço. E um aspirante-a-oficial, para chegar a major, deve necessariamente ter, no mínimo, 15 anos de quartel, contados a partir da data de sua declaração a aspirante. Esse quadro é a causa sem retoques da evasão, até agora, de mais de 80 cadetes da Aman. Eles solicitaram desligamento. Não foram expulsos, como sugere o noticiário.

Depois dessas mal traçadas linhas, a punição administrativa de Cavalão era pule de dez. Como o próprio autor reconhecia no último parágrafo do texto, ele corria o risco de ter sua carreira militar interrompida. O que demonstra que a decisão de publicar o artigo não foi impensada e sugere que, diferentemente do que Bolsonaro costuma dizer, talvez ali já tivesse planos de ingressar na política. Atrás de mais dinheiro, ele já estava. A hipótese é reforçada pelo conteúdo dos relatórios que o Exército produzia sobre a tropa.

Em 1983, a Diretoria de Cadastro e Avaliação do Ministério do Exército havia preparado uma "ficha de informações" relatando que Bolsonaro "deu mostras de imaturidade ao ser atraído por empreendimento de garimpo de ouro" e que o então tenente de 28 anos "necessitava ser colocado em funções que exigissem esforço e dedicação, a fim de reorientar sua carreira. Deu demonstrações de excessiva ambição em realizar-se financeira e economicamente".

Ao ser submetido a um interrogatório do Conselho de Justificação para que explicasse a aventura, Cavalão admitiu ter garimpado durante as férias "na cidade de Saúde, próximo de Jacobina (BA)", com a ajuda de três tenentes e dois sargentos paraquedistas — dois dos quais "sob seu comando", mas que não obteve lucro e considerou a atividade como "hobby ou higiene mental". Anos depois, já deputado, ele atribuiria a prática a um vício, herdado, provavelmente, por influência do pai em Eldorado Paulista. Assim como Geraldo garimpara, Jair Messias também já "faiscara" em rios da região em dias de folga.

Em depoimento ao conselho, o coronel Carlos Alfredo Pellegrino, superior de Bolsonaro na época, afirmou que tentou dissuadi-lo da ideia do garimpo, mas notou "pela primeira vez sua grande aspiração em poder desfrutar das comodidades que uma fortuna pudesse proporcionar". Bolsonaro chegara a procurar o oficial no retorno das férias para se retratar, mas teria "confirmado sua ambição de buscar por outros meios a oportunidade de realizar sua aspiração de ser um homem rico".

Pellegrino afirmara que Bolsonaro "tinha permanentemente a intenção de liderar os oficiais subalternos, no que foi sempre repelido, tanto em razão do tratamento agressivo dispensado a seus camaradas, como pela falta de lógica, racionalidade e equilíbrio na apresentação de seus argumentos". No fim, o Conselho de Justificação concordou com a avaliação da ficha de informações e concluiu que "a imaturidade é de um profissional que deveria estar dedicado ao seu aprimoramento militar, através do adestramento, leitura e estudos, e não aventurar-se em conseguir riquezas".

O Centro de Informações da Aeronáutica (Cisa) detectara reflexos do artigo de Bolsonaro em outras unidades da força e compartilhou em documento confidencial algo que o capitão sequer suspeitara, mas que deixaria o inimigo de Lamarca ouriçado: o Partido Comunista Brasileiro (PCB) e o Partido Comunista do Brasil (PCdoB) "emitiram instruções no sentido de que seus militantes explorassem ao máximo o descontentamento salarial dos militares criado a partir da entrevista do capitão Jair Messias Bolsonaro".

O documento registrava: "Segundo a orientação, o momento favorece a infiltração (comunista) no âmbito das Forças Armadas. Neste sentido, todo militar que se manifestar deverá receber total apoio dos referidos partidos. Na eventualidade de vir a ser disciplinarmente punido, aproveitar o descontentamento da família para aliciá-la, especialmente a esposa do militar punido que torna-se alvo dos grupos feministas de esquerda que, a curto prazo, pretendem ter em seus quadros uma ala de 'esposas de militares'".

O relatório confidencial recebeu avaliação de alta confiabilidade e circulou entre os principais órgãos de inteligência das Forças Armadas. Bolsonaro, segundo o prontuário, fazia uma "intensa campanha eleitoral junto ao público interno", enviando folhetos a militares. E concluía: "Panfletos sobre vencimentos de militares que vêm sendo distribuídos nos quartéis pelo nominado *(Bolsonaro)*, procurando indispor o ministro do Exército e o presidente do Clube *(Militar)* com a classe militar".

O fato é que o artigo publicado na "Veja" apenas reforçava o teor da ficha produzida sobre seu autor. Quando a sindicância para apurar as circunstâncias da publicação do texto na revista foi encerrada, o comandante da Brigada Paraquedista, Acrísio Figueira, convocou Bolsonaro para que se explicasse. Ao entrar na sala, o capitão logo percebeu pelo tratamento recebido do general, que o chamara de senhor, que a conversa não seria boa:

— Capitão Bolsonaro, tudo bem com o senhor?

Quando o superior ordenou que o subordinado se sentasse, aí é que Bolsonaro teve a certeza de que a notícia seria realmente dura:

— Sente-se aí! O senhor sabe o que fez?

— Sim, senhor.

— Já leu a sindicância?

— Sim, senhor.

— Alguma coisa de errado?

— Não, senhor.

— O senhor vai ficar preso disciplinarmente por 15 ou 20 dias. Quantos dias o senhor acha que merece?

— General, eu mereço 20 dias.

— Como você está sendo sincero, vou te dar 15.

Bolsonaro não pôde, assim, sair do quartel do 8º Grupo de Artilharia de Campanha Paraquedista (GAC), em Deodoro, na Zona Oeste do Rio, por 15 dias. No registro da punição por "transgressão grave", publicado no dia 3 de setembro de 1986, o comando justificava a condenação do capitão Jair Messias Bolsonaro, entre outras razões, "por ter sido indiscreto na abordagem de assuntos de caráter oficial, comprometendo a disciplina; por ter censurado a política governamental; por ter ferido a ética gerando clima de inquietação no âmbito da OM, da GU e da força e por ter contribuído para prejudicar o excelente conceito da tropa Para-quedista *(sic)* no âmbito do Exército".

Bolsonaro estava queimado com a cúpula das Forças Armadas, mas recebeu cerca de 150 telegramas de apoio de mulheres de oficiais e também de militares da ativa e da reserva, incluindo aí o general Newton Cruz, ex-chefe do Serviço Nacional de Informações (SNI) no governo do general João Baptista Figueiredo. Elas organizaram diversos protestos em defesa do capitão, já que, diferentemente dos maridos, podiam se manifestar livremente, sem a ameaça das prisões. Coincidência ou não, em dezembro, Sarney concederia aos militares o direito ao 13º salário.

Os 15 dias de prisão serviram para Cavalão pensar na vida. A rabichada tinha valido a pena. Outras viriam. E com potência equivalente à de uma explosão de TNT.

CAPÍTULO 5

UM PLANO BOMBÁSTICO

A concessão do governo Sarney aos militares no fim de 1986, quando passaram a ter direito ao 13º salário, havia sido um cala-boca paliativo. O clima na caserna continuaria tenso no ano seguinte. Os preços tinham voltado a subir, a inflação anual havia chegado a 280% em setembro, e nada de aumento para a categoria.

Na quarta-feira 21 de outubro, o capitão Saldon Pereira Filho foi preso por ordem da Escola Superior de Aperfeiçoamento de Oficiais (EsAO), no Rio de Janeiro, por motivo semelhante ao que levara Bolsonaro aos 15 dias de detenção: o militar havia entregue a seus superiores um texto, redigido à mão, em que reivindicava melhores salários para a tropa e criticava a política salarial governamental.

A polêmica em torno do artigo publicado na "Veja" no ano anterior transformara Bolsonaro em fonte da revista. A repórter Cassia Maria Rodrigues — a quem conhecia desde que escrevera o texto e com quem estivera em três oportunidades naquele mês de outubro — foi destacada para repercutir com ele a prisão do colega de farda e de EsAO. Naquela mesma quarta-feira 21, ela foi à Vila Militar, na Zona Oeste do Rio, onde o Exército mantinha instalações e um conjunto de residências para os militares. Dessa vez, o encontro foi marcado na casa do capitão Fábio Passos, a quem já visitara uma vez.

Cassia Maria chegou ao conjunto do Exército por volta de 16h30, dirigiu-se à Avenida Duque de Caxias e foi recebida no apartamento 101 do número 865 por Lígia, mulher do capitão. Ele surgiu minutos depois e se identificou apenas como Xerife, como eram chamados os chefes de turma na caserna — no caso, o líder e porta-voz dos capitães da EsAO. Contou que vinha sendo investigado pelo Centro de Informações do Exército (CIE) — por seu envolvimento com o grupo de oficiais da EsAO que liderava o movimento por reajustes salariais — e prometeu novidades à repórter.

Jair Messias Bolsonaro chegou ao apartamento pouco mais tarde e não teve papas na língua ao comentar o episódio daquela tarde de quarta-feira:

— São uns canalhas! Terminaram as aulas de hoje mais cedo para que a maioria dos alunos estivesse fora da escola na hora de prenderem nosso companheiro!

Bolsonaro adiantou que, em protesto, os alunos da EsAO planejavam ocupar a escola pelos mesmos dois dias em que o capitão permanecesse detido. Foi quando tocaram a campainha, e Cassia Maria foi levada por Lígia para um dos cômodos, para que não visse o oficial que acabara de chegar. A sós com a repórter, sob juras de que não comentasse nada com os envolvidos, a mulher do Xerife revelou o plano do qual o marido e Bolsonaro participavam para pressionar Sarney a conceder um aumento significativo para a categoria: se o índice anunciado pelo governo por aqueles dias ficasse abaixo de 60%, algumas bombas seriam detonadas simultaneamente nos banheiros da EsAO, na Academia Militar das Agulhas Negras (Aman) e em outras unidades do Exército, com o cuidado de não ferir ninguém.

— Não haverá perigo. Serão apenas explosões pequenas, para assustar o ministro. Só o suficiente para o presidente José Sarney entender que o Leônidas *(Pires Gonçalves)* não exerce nenhum controle sobre sua tropa — confidenciou Lígia.

Cassia cumpriu a promessa de não mencionar a história com a dupla de capitães. Mas, ao retornar à sala de estar, tão logo o terceiro oficial deixou o apartamento, a conversa girou em torno do ministro. Bolsonaro foi incisivo:

— Temos um ministro incompetente e até racista. Ele disse em Manaus que os militares são a classe de vagabundos mais bem remunerada que existe no país. Só concordamos em que ele está realmente criando vagabundos, pois hoje em dia o soldado fica um ano inteiro pintando de branco o meio-fio dos quartéis, esperando a visita dos generais ou fazendo faxina e dando plantão.

A repórter lançou, então, a isca, com a destreza com que Palmito costumava fisgar peixes no Rio Ribeira de Iguape:

— E vocês pretendem realizar alguma operação maior nos quartéis?

Bolsonaro não sabia da conversa secreta que Cassia havia tido com Lígia, e beliscou o anzol:

— Só a explosão de algumas espoletas...

Foi o suficiente para que a repórter insistisse e obtivesse da dupla a confirmação da operação que Lígia chamara de "Beco sem Saída":

— Falamos, falamos, e eles não resolveram nada. Agora, o pessoal está pensando em explorar alguns pontos sensíveis...

Àquela altura, o capitão mordera o anzol com força e, sem manifestar qualquer constrangimento diante da repórter, detalhou o processo de construção de uma bomba-relógio. Utilizariam o explosivo trinitrotolueno, o popular TNT, para tentar desestabilizar Leônidas:

— Se ele resolvesse articular um novo golpe militar, ele é que acabaria golpeado por sua própria tropa, que se recusaria a obedecê-lo. Nosso Exército é uma vergonha nacional, e o ministro está se saindo como um segundo Pinochet *(em referência ao general Augusto Pinochet, então ditador no Chile, que sofrera em setembro do ano anterior um atentado por parte de células paramilitares).*

A conversa durou duas horas. Na quinta-feira, o presidente José Sarney anunciou reajuste de 110% para os militares, de forma parcelada. Cassia ligou para Bolsonaro:

— O anúncio do presidente cancela a operação "Beco sem Saída"?

— O pessoal está pensando em esperar até novembro para ver o que acontece. Mas, se esperarem muito, acabarão não fazendo nada.

No telefonema, incomodado com o rumo daquela prosa, o capitão tentou bater em retirada: — Eu estou fora disso. São apenas algumas espoletas. Não íamos fazer isso correndo o risco de perder uma parte de nossos corpos.

A preocupação era legítima. A memória do atentado do Riocentro, ocorrido na noite de 30 de abril de 1981, atormentava os milicos. O Inquérito Policial Militar instaurado para investigar o episódio fracassara e levara à renúncia o general Golbery do Couto e Silva, chefe da Casa Civil do governo do general João Figueiredo e um dos criadores do SNI. O caso foi arquivado e as circunstâncias daquele frustrado ataque a bomba durante as festividades do Dia do Trabalhador só seriam esclarecidas a partir da reabertura do inquérito, em 1999. Mas, nos porões das casernas, sabia-se que aquilo havia sido obra de gente ligada a setores do Exército inconformados com a abertura democrática, que o regime ditatorial ia promovendo lentamente no país. Entre eles, o sargento Guilherme Pereira do Rosário e o capitão Wilson Dias Machado, que chegaram ao centro de convenções a bordo de um Puma GTE com a missão de plantar as bombas no pavilhão, mas acabaram detonando os artefatos por acidente dentro do carro, no estacionamento. A explosão matou o sargento e feriu gravemente o capitão.

Além dessa preocupação, às 10h30 daquela quinta-feira 22 de outubro de 1987, o capitão Luiz Fernando Walther de Almeida havia invadido a Prefeitura de Apucarana (PR) — em uniforme de campanha, com um capacete camuflado, um fuzil FAL equipado com baioneta e o comando de 50 soldados que cercaram o prédio — para entregar um documento em protesto contra os baixos salários da tropa. Os nervos estavam atiçados. Por isso, antes de desligar o telefone, Bolsonaro advertiu:

— Não publique nada sobre nossas conversas. Você sabe em que terreno está entrando, não sabe?

— Você não pode esquecer que sou uma profissional... — retrucou a jornalista.

Cassia explicou na redação da "Veja" que os contatos com Bolsonaro e Xerife se baseavam num acordo de sigilo, mas a direção da revista entendeu que, ao se falar de bombas e atentados, a manutenção de qualquer acordo de cavalheiros tinha se tornado impossível, e publicou o relato da repórter num quadro intitulado "Pôr bombas nos quartéis, um plano na EsAO".

Os artefatos nem chegaram a ser acionados, mas tiveram forte impacto explosivo nas Forças Armadas. No domingo, o chefe do Centro de Comunicação Social do Exército, o general Carlos Olavo Guimarães, apressou-se em divulgar para a imprensa que o comando da EsAO iria investigar o caso e abrir um inquérito para apurar as denúncias da revista. À noite, o subcomandante da EsAO convocou Bolsonaro e Passos para prestarem depoimento. Xerife foi o primeiro a falar:

— A repórter afirma que esteve em minha residência, situada à Avenida Duque de Caxias, 865, apartamento 101, e que esteve circulando em um dos quartos. Nego veementemente o teor da reportagem, bem como nego que a conheço pessoalmente. Afirmo que a mesma nunca esteve em minha residência. Considero a tal reportagem e as declarações nela citadas como obra de ficção.

Em seguida, Bolsonaro tomou a palavra:

— Ao tomar conhecimento da referida reportagem e após ler a matéria acima, respondo o seguinte: considero uma fantasia o publicado. Já vi a repórter Cassia Maria algumas vezes na Vila Militar, sendo que, uma vez abordado por ela, mandei que procurasse o comandante da Escola de Aperfeiçoamento de Oficiais para providências, ou melhor, entrevistá-lo a respeito dos oficiais. Nego ter recebido ou participado de reunião na casa do capitão Fábio com a repórter Cassia.

Com base nesses depoimentos, às 20h50 do dia seguinte, o Comando Militar do Leste distribuiu uma nota assinada pelo oficial de relações públicas do órgão, o tenente-coronel Luiz Cesário da Silveira Filho, contestando a reportagem de "Veja". O general Newton Cruz, ex-chefe do SNI, que já havia manifestado solidariedade no episódio da publicação do polêmico artigo de Bolsonaro na revista, voltou a se colocar ao lado do capitão. Em entrevista à "Folha de S. Paulo", disse que conversara com Bolsonaro por telefone, a 1h da madrugada da segunda-feira 26, e que o capitão não só negara ter dado a entrevista a Cassia, como exteriorizara seu temor de que a reportagem pudesse prejudicar o general, por fazer alusão à relação que os dois haviam construído a partir do telegrama em que Cruz prestara solidariedade ao capitão, no ano anterior:

— Ele estava preocupado com as menções a mim e ao possível encontro com o presidente Figueiredo, que não visava à discussão de temas políticos nem um eventual apoio do capitão a uma candidatura do ex-presidente à sucessão de José Sarney.

O apoio mais inusitado partiu, porém, do personagem que havia saído da reportagem com a imagem mais chamuscada: o ministro do Exército, Leônidas Pires Gonçalves, chamado por Bolsonaro de incompetente e racista. Após uma audiência com o presidente Sarney, às 18h da terça-feira 27, ele concedeu uma entrevista de 40 minutos na porta do Palácio do Planalto. O ministro intercedeu pela estabilidade do governo, garantiu que detinha o comando da tropa e acusou a revista "Veja" de ter fraudado a notícia publicada no fim de semana anterior, defendendo a honra de seus acusadores:

— Os dois oficiais envolvidos, eu vou repetir isso, negaram peremptoriamente, da maneira mais veemente, por escrito, do próprio punho, qualquer veracidade daquela informação.

Um repórter retrucou:

— A negativa dos dois é suficiente para encerrar qualquer investigação nesse caso?

— Por que você está perguntando isso? Quando alguém desmente peremptoriamente e é um membro da minha instituição, e assina embaixo, em quem eu vou acreditar? — indagou o ministro, irritadiço e desafiador.

E ele próprio respondeu, tentando aplicar um ponto final na história:

— Nesses que são os componentes da minha instituição! E eu sei quem é minha gente!

"Veja" não se fez de rogada e na edição seguinte voltou ao ataque, sustentando a versão da repórter Cassia Maria e fornecendo novos detalhes da história na matéria "De próprio punho: o ministro do Exército acreditou em Bolsonaro e Fábio, mas eles estavam mentindo". A reportagem trazia o fac-símile de um croqui, que teria sido desenhado por Bolsonaro, exemplificando como seriam as explosões e usando na simulação, meramente como ilustração do funcionamento dos dispositivos, um trecho da tubulação da adutora do Guandu, que abastece de água a cidade do Rio de Janeiro e os municípios da Baixada Fluminense. A intenção era provar, com documentos, que Bolsonaro mentira ao dizer que não falara à repórter da "Veja" e que o general Leônidas se precipitara ao acreditar no capitão.

Após detalhar os encontros de Cassia Maria com Bolsonaro e Fábio Passos, a reportagem dava uma alfinetada no general Leônidas: "Quando (...) disse no Palácio do Planalto que 'eu sei quem é minha gente', fez uma confusão entre o que efetivamente é a oficialidade e dois capitães que, além de estarem envolvidos no planejamento de atos de indisciplina e de crimes contra a instituição militar e suas instalações, estavam também mentindo. Ao invés de separar o joio do trigo, decidiu ficar com o joio".

A provocação surtiu efeito, e o general Leônidas Pires Gonçalves se viu obrigado a mandar apurar o caso. Cavalão perdera o páreo, mas sairia dessa experiência fortalecido e preparado para novos aprontos, em outras pistas.

CAPÍTULO 6
SENTIDO!

Leônidas tinha feito jogo de cena: sabia que o Exército identificara um movimento na tropa para desestabilizar o comando e ordenou que se investigasse o episódio. Não foi o primeiro levante coordenado por capitães. Isso era quase uma tradição. Operacionalmente, são eles que lidam no dia a dia com tenentes, suboficiais, sargentos e praças, exercendo influência tanto sobre o grupo, como também filtrando suas insatisfações. Ou seja, ficam no meio do fogo cruzado entre os anseios da tropa e a autoridade do comando. Quando chegam a EsAO, ganham alguma liberdade para debater dentro das salas de aula, algo que seria impossível de acontecer na caserna durante a ditadura, e acabam se organizando e levando para fora dos quartéis assuntos que seus superiores preferiam tratar internamente. Não à toa, por aquela época, um grupo de alunos havia queimado os contracheques em sala, em protesto contra os baixos salários.

Na sexta-feira 13 de novembro de 1987, uma sindicância na EsAO concluiu que havia aspectos que mereciam uma investigação mais aprofundada e sugeriu que os autos fossem encaminhados a um Conselho de Justificação. De acordo com a Lei nº 5.836/1972, decretada pelo Congresso Nacional e sancionada pelo presidente Médici em 5 de dezembro de 1972 (que revogava a Lei nº 5.300/1967, sancionada por seu antecessor, Costa e Silva, em 29 de junho de 1967), trata-se de um processo especial destinado a julgar se o militar de carreira das Forças Armadas é incapaz ou não de permanecer na ativa, concedendo-lhe a oportunidade de justificar seus atos perante os superiores. No caso de Bolsonaro, foram três coronéis a compor o Conselho.

O processo tinha dois objetos em análise: o artigo escrito para "Veja", em 1986, em que o capitão reivindicou aumento salarial para a tropa, sem consultar seus superiores; e a declaração do militar à repórter da revista, mais de um ano depois, de que havia um plano para detonar bombas-relógio em unidades do Exército no Rio. Em 15 de dezembro, a acusação denunciou que Bolsonaro agira "comprometendo a disciplina e ferindo a ética militar".

Durante interrogatório reservado, o capitão assinou um documento reconhecendo ter cometido uma "transgressão disciplinar" ao escrever para a revista e que, à época, não levou em consideração "que seria uma deslealdade, mas que, agora, acha(va) que sim". Ele negou, no entanto, a autoria do croqui publicado na revista, em que ilustrava o funcionamento do mecanismo explosivo, alegando que dois exames grafotécnicos resultaram inconclusos.

A primeira perícia havia sido feita pela Polícia do Exército. Os peritos atestaram que cinco de 80 caracteres guardavam semelhança com a grafia do acusado. Uma segunda perícia foi então realizada, por um corpo técnico diferente, e a avaliação da equipe foi parecida com a da primeira. Em 8 de janeiro de 1988, porém, um laudo de exame grafotécnico da Perícia da Polícia Federal concluiu que as anotações no croqui entregue pela "Veja" eram, de fato, do punho de Bolsonaro. Como havia divergência nos laudos, um quarto exame foi solicitado, e a equipe que tinha feito a segunda perícia acabou confirmando o que os peritos da Polícia Federal haviam garantido: as anotações eram do capitão.

No julgamento publicado em 25 de janeiro, os coronéis foram unânimes em condenar o réu e afirmaram na sentença que "o justificante (Bolsonaro) mentiu durante todo o processo, quando negou a autoria dos esboços publicados na revista 'Veja', como comprovam os laudos periciais do Instituto de Criminalística da Polícia Federal e do 1º Batalhão de Polícia do Exército". De acordo com o despacho assinado pelo coronelato, Bolsonaro "revelou comportamento aético e incompatível com o pundonor militar e o decoro da classe, ao passar à imprensa informações sobre sua instituição".

Cavalão ainda não seria sacrificado. Por lei, as decisões do Conselho de Justificação deviam ser enviadas ao Superior Tribunal Militar (STM) para que fossem ratificadas ou não. Isto é, cabia recurso. A defesa se valeu do fato de ter havido um empate técnico entre as perícias e entrou com medida contra a decisão dos coronéis do Conselho de Justificação: dois laudos atestaram sua autoria dos croquis; outros dois concluíram o contrário.

Em 16 de junho de 1988, por oito votos a quatro, os ministros do Superior Tribunal Militar consideraram Bolsonaro "não culpado" das acusações, entendendo que a divergência das perícias configurava "na dúvida a favor do réu". Quanto ao artigo para "Veja", o STM considerou que o acusado já havia sido devidamente punido com os 15 dias de detenção.

O resultado proferido pelo tribunal não agradou à cúpula do Exército. Dois dias após o arquivamento da denúncia do Conselho de Justificação no STM, no mesmo sábado em que os jornais divulgavam que Sarney exonerara o brigadeiro Paulo Roberto Camarinha do comando do Estado-Maior das Forças Armadas, por ter feito críticas à política econômica do governo e comparado o salário de um piloto da FAB ao de um ascensorista do Senado, Bolsonaro teve um encontro decisivo com um colega da Escola de Aperfeiçoamento de Oficiais. Esse amigo obtivera informações quentes da 1ª Seção da EsAO, determinantes para a decisão de Cavalão de abandonar o Exército:

— Olha, você vai responder a outro Conselho. O ministro do Exército não ficou satisfeito com sua absolvição, e eles estão dizendo que haveria fatos novos para que você fosse julgado novamente no STM...

Bolsonaro tremeu nas bases. Ficou desesperado com a notícia do informante. Se nem o chefe do Estado-Maior resistira ao ambiente em Brasília, quem seria ele diante da pressão de Leônidas Pires Gonçalves? Nesse sufoco, considerou que estava com os dias contados na caserna e que era hora de abraçar de vez a ideia de tentar a carreira política. A saída foi estudada: usou o regulamento militar a seu favor e se lançou candidato a vereador na sexta-feira 29 de julho de 1988, ao mesmo tempo em que garantia três meses de licença do quartel.

A aposta estava jogada. Cavalão não era pule de dez, mas, com um ano em pré-campanha e a notoriedade que havia conquistado, estava longe de ser um azarão entre seus companheiros de tropa.

CAPÍTULO 7
DA CASERNA À POLÍTICA

Por intermédio de um amigo em comum, Bolsonaro teve uma audiência marcada com o senador Nelson Carneiro — que viria a se tornar presidente do Senado no ano seguinte. O objetivo era tratar de uma possível candidatura pelo PMDB, mas o encontro acabou não acontecendo. Liberado somente no início da noite do expediente na Diretoria de Formação e Aperfeiçoamento (DFA), ele não conseguiu chegar a tempo: o senador já havia deixado o escritório.

Faltavam poucos dias para o fim do prazo de filiação partidária, marcado para 10 de julho de 1988, quando recebeu o convite para concorrer a uma vaga na Câmara dos Vereadores do Rio de Janeiro pelo Partido Democrata Cristão (PDC). A proposta partiu do xará Jair dos Santos Nogueira, coronel médico da reserva, então secretário da executiva regional do partido no estado. Criado em 1945, o PDC fora extinto pelo regime militar em 1965, através do Ato Institucional Número 2, e refundado 20 anos depois, presidido, ironicamente, por um militar da reserva: o coronel Mauro Borges, que fora governador e senador de Goiás. Bolsonaro estava em casa, num partido com boa penetração entre seus potenciais eleitores.

A candidatura despertou atenção da mídia, antes mesmo do início da campanha. Em 26 de agosto, "O Globo" publicou um perfil do capitão ao lado da biografia de um outro candidato, Felipe Monteiro, que concorria pelo Partido Socialista Brasileiro (PSB). Intitulada "Especialista em explosivos e filho de vítima de bomba brigam nas urnas", a reportagem contrapunha o histórico do militar — ainda associado à "Operação Beco sem Saída", apesar do arquivamento do processo — ao de Monteiro. Advogado e também professor de Sociologia e Ciências Políticas, ele perdera a mãe, a secretária Lyda Monteiro da Silva, num atentado a bomba, em 27 de agosto de 1980. Naquele dia, ela abrira uma carta-bomba endereçada ao chefe, Eduardo Seabra Fagundes, então presidente da Ordem dos Advogados do Brasil, que vinha denunciando casos de tortura e desaparecimento de perseguidos pelo regime.

Monteiro acreditava que, como vereador, conseguiria esclarecer o crime, elucidado somente em 2015, pela Comissão Estadual da Verdade do Rio de Janeiro. Lyda fora assassinada por agentes do Centro de Informação do Exército (CIE). A comissão identificou as participações do sargento Magno Cantarino Motta, codinome Guarany — o homem que entregou a bomba pessoalmente na sede da OAB —; do sargento Guilherme Pereira do Rosário, que confeccionou o artefato; e do coronel Freddie Perdigão Pereira, o coordenador da ação.

Bolsonaro não ficou muito feliz com a associação feita pelo jornal, mas não tinha como reagir: como a dispensa oficial do Exército para sua campanha só sairia mais tarde, ele não podia se manifestar como candidato, sob pena de receber punição e até ser preso. Enquanto não obtivesse o registro do Tribunal Regional Eleitoral, estaria ainda na ativa e sujeito ao Regulamento Disciplinar do Exército, que proíbe militares de fazer declarações de cunho político sem a autorização dos superiores. Ou seja, para agir e, principalmente, falar como candidato, teria que aguardar o término de todo o trâmite burocrático. O Tribunal Superior Eleitoral analisaria o caso e enviaria o processo para o Ministério do Exército. Somente a partir da aprovação dessas instâncias é que o TRE liberaria o documento. Como não tinha a ficha limpa com as Forças Armadas, Bolsonaro achou melhor ficar calado e até considerou positiva a exposição, já que a visibilidade era essencial para angariar votos.

Em 22 de setembro, data em que, enfim, foi apresentar o registro da candidatura na Diretoria de Formação e Aperfeiçoamento e obter a licença para concorrer às eleições, Bolsonaro recebeu um sinal de que se tornara *persona non grata* no Exército. Embora tivesse direito de indicar o local de lotação no caso de fracasso nas urnas, os superiores ignoraram sua opção pelo 31º Grupo de Artilharia de Campanha (Escola), na Vila Militar, e o transferiram para uma unidade bem distante, no Rio Grande do Sul. Poderia reclamar, mas preferiu, mais uma vez, ficar quieto e não comprar briga. Com a demora na liberação do registro, os 90 dias de licença para fazer a campanha se transformaram em 55. Cavalão tinha que correr se quisesse ganhar o páreo eleitoral.

No início da campanha, Bolsonaro contava somente com uma moto de 250 cilindradas e dois ajudantes: Negão Lino, soldado que servira com ele e já dera baixa na caserna, e Edson Pau de Arara. Um de seus poucos financiadores foi o hoje desembargador aposentado Egas Moniz de Barreto Aragão Dáquer, que servira como tenente R/2 (tenente temporário) na Artilharia das Forças Armadas. Ele disponibilizou uma máquina xerox, de onde o capitão tirou 30 mil cópias de folhas A4 trazendo 28 santinhos cada uma. O equipamento produzia 7,5 cópias por minuto e Bolsonaro passou dias preparando o material. O trabalho era maçante: após imprimir algumas resmas, ele ia para casa, protegia os dedos com esparadrapo e, ajoelhado no chão forrado com jornais, usava régua e gilete para cortar os santinhos de cinco em cinco folhas.

A produção de faixas e camisetas também era artesanal. Comprava as malhas na Saara, comércio popular no Centro do Rio, e as telas de serigrafia encomendava na Dimona, tradicional confecção de camisetas personalizadas. Para economizar, apesar de a loja oferecer o serviço, Bolsonaro transformava a sala do apartamento em que morava, na Vila Militar, num chão de fábrica. O processo era trabalhoso. Ele forrava as blusas com jornais, esticava cerca de dez delas no sinteco e aplicava a tinta de um lado. Esperava que secassem totalmente para repetir o procedimento do outro. As faixas eram pintadas à mão, uma a uma preenchendo os espaços vazados das letras escritas no pano a lápis: "A esperança está em nós mesmos - Cap. Bolsonaro - 17.681 - PDC - Vereador 88".

Ele panfletava em locais de circulação e concentração de militares: na estação ferroviária da Central do Brasil; na porta dos quartéis ao fim do expediente; em conjuntos habitacionais destinados à turma verde-oliva. De vez em quando, partia para ações de "guerrilha". Uma das táticas era colar versões maiores de seu santinho na traseira dos ônibus, usando uma mistura caseira de água quente com farinha de trigo. Numa ocasião, chegou a simular uma pane na Ponte Rio-Niterói para panfletar entre os marinheiros lotados na Base Naval do Rio de Janeiro, na Ilha do Mocanguê — onde é proibido parar de carro.

As duas primeiras urnas abertas na 23ª Zona Eleitoral (Magalhães Bastos), onde havia muitos eleitores da Vila Militar, garantiram a Bolsonaro apenas sete votos. Se a média fosse mantida nas 374 urnas da 23ª ZE e da 24ª ZE (Bangu), que reuniam expressivo contingente de militares, a projeção dos fiscais do PDC era a de que ele obtivesse apenas 2.676 votos, bem menos do que os 30 mil esperados. Segundo cálculos de técnicos do Tribunal Regional Eleitoral, 70 mil seria o número de votos necessários para um partido garantir a um de seus candidatos uma das 42 vagas na Câmara. Por ter se filiado ao pequeno PDC, precisaria atingir praticamente sozinho esse coeficiente eleitoral para se eleger. A expectativa era de derrota. Bolsonaro teria que retornar ao Exército e ir servir no Rio Grande do Sul.

O processo de apuração ainda era manual e, portanto, bastante lento. Os prognósticos foram mudando à medida em que a contagem avançava. Doze dias após a eleição, no domingo 27 de novembro, quando saiu o resultado final, Bolsonaro contabilizou 11.062 votos. Mas como todos os candidatos do partido e a sigla somaram mais de 140 mil cédulas , ele e o coronel médico reformado Ivanir Martins de Mello, este com 5.639 votos, conseguiram ser eleitos.

O PDC ainda elegeu o governador do recém-criado Tocantins, Siqueira Campos, e dois senadores por aquele estado, Antônio Luís Maia e Moisés Abrão, para um mandato de dois anos. Foi nessa eleição que Macaco Tião obteve cerca de 300 mil votos para prefeito do Rio de Janeiro, num tempo em que as cédulas ainda eram preenchidas de próprio punho. Ficou atrás apenas de Marcello Alencar (PDT), com 998.008, Jorge Bittar (PT), com 552.149; e Álvaro Valle, com 393.761. A brincadeira lançada pelos humoristas do Casseta & Planeta em defesa do voto nulo repetia o fenômeno eleitoral da rinoceronte fêmea Cacareco, nas eleições municipais de 1959, em São Paulo. Cacareco havia sido emprestada do zoológico do Rio para o de São Paulo e recebeu cerca de cem mil votos, tornando-se a "candidata" mais votada do pleito. O segundo colocado não chegou a 95 mil votos.

Com a estratégia de fazer campanha salarial para os militares, por meio da distribuição de santinhos, Cavalão conseguiu o que o macaco Tião e a rinoceronte Cacareco alcançaram só no deboche: estava de fato eleito e subiria as escadarias da Câmara dos Vereadores na Cinelândia para se diplomar como o 16º vereador mais votado entre os 42 eleitos. Os três primeiros foram Alfredo Sirkis, com 43.452 votos, seguido de Aarão Steinbruch, com 40.126 e Wilson Leite Passos, com 34.527. Dali — quem disse que cavalo não desce escada? — Bolsonaro sairia para iniciar sua trajetória na Câmara dos Deputados, em Brasília, de onde não saiu até hoje.

CAPÍTULO 8
NOVO QUARTEL

Na quinta-feira 22 de dezembro de 1988, o presidente José Sarney vetava o projeto de lei do Congresso que estabelecia para janeiro um salário-mínimo de 64.020 cruzados (R$ 934,36, em valores atualizados pelo INPC do IBGE de abril de 2018) e o fixava, por decreto, em 54.074 cruzados (R$ 789,20). Uma cesta básica no Rio de Janeiro consumia, segundo dados do Departamento Intersindical de Estatística e Estudos Socioeconômicos (Dieese), 58% desse valor.

Naquele mesmo dia, o ambientalista Francisco Mendes, mais conhecido como Chico Mendes, era assassinado quando saía de sua fazenda em Xapuri, no Acre, pelos irmãos Darly Alves e Alvarinho Alves, com tiros de espingarda à queima-roupa. E Jair Bolsonaro era diplomado na Câmara dos Vereadores do Rio, sendo "excluído do serviço ativo do Exército, a contar de 22 de dezembro de 1988, passando a integrar a Reserva Remunerada", como ficou registrado no extrato da ficha de cadastro do capitão.

Bolsonaro poderia estar fora das Forças, mas elas continuariam seguindo seus passos. O Centro de Informações do Exército produziria, em julho de 1990, um prontuário secreto de 54 páginas dedicado ao capitão reformado, relatando que ele fazia "exploração político-ideológica" da questão salarial entre os militares, não tinha "representatividade ou delegação" para falar em nome deles, atuava de forma "eleitoreira" nos quartéis e acusava de forma "descabida" oficiais superiores e autoridades.

Em abril de 1990, ele chegaria a ser proibido pelo Comando Militar do Leste de ter acesso a qualquer unidade militar da região. O Exército se incomodava com o fato de Bolsonaro insistir em abordar o assunto dos reajustes salariais; isso lançava em descrédito os canais oficiais das próprias Forças Armadas que deveriam ser utilizados pela tropa. Produzido durante o governo Fernando Collor, o prontuário foi encaminhado ao general Jonas de Morais

Correia Neto, na época ministro-chefe do Estado-Maior das Forças Armadas.

Curiosamente, a militância de Bolsonaro na tropa era vista com bons olhos pelo Partido Comunista Brasileiro (PCB) e pelo Partido Comunista do Brasil (PCdoB), como constatou o serviço de inteligência do Exército naquela ocasião. Já com planos de chegar a Brasília, as movimentações políticas de Bolsonaro também eram monitoradas pelo SNI, órgão de inteligência criado pela ditadura militar.

Numa "resenha analítica" produzida em outubro de 1990, o SNI destacava que, se fosse eleito deputado, Bolsonaro pretendia "apresentar um projeto contra o que chama de 'abuso do poder de regulamentar'". Mesmo com o acesso restrito, o SNI identificou uma movimentação do então vereador para organizar, com oficiais da reserva, um encontro no Clube Militar do Rio para pressionar as Forças Armadas a reajustar os salários da tropa, alertando para o fato de que estava "embutida uma questão política, que coloca em rota de colisão a instituição governamental".

A desconfiança dos militares em relação ao capitão reformado que se tornara vereador no Rio continuou até pelo menos 1994, quando outro documento confidencial mencionava vários "óbices à ação das polícias militares", entre os quais "os problemas de ordem salarial que vêm influindo de forma acentuada". Mas o conceito da cúpula das Forças Armadas sobre o antigo pupilo — em que pese a amizade que desenvolveria com o desafeto Leônidas Pires Gonçalves a partir de 2005 — continua até hoje não sendo dos melhores.

Se Bolsonaro faz sucesso nas baixas patentes, é visto com desconfiança pelo comando e tratado como um "bunda-suja" — termo usado pelos militares com mais estrelas no peito para se referir aos que não alcançaram posições mais altas na carreira. Esse grupo nunca apoiou seus planos de chegar ao Palácio do Planalto nem aprova sua tentativa em personificar o salvador da pátria da corporação.

Como noticiou a revista "Veja", em agosto de 2017, na tradicional cerimônia de entrega do espadim de Duque de Caxias, na Academia Militar das Agulhas Negras, Bolsonaro foi recebido como celebridade por boa parte dos

450 cadetes que se formavam e também por seus convidados, mas com indiferença pelos oficiais, que preferiram manter distância. Ao lado da terceira mulher, Michelle, ouviu de alguém que se sentava à sua mesa um comentário solidário: "As Forças Armadas estão cheias de comunistas. Só por isso os militares permitiram que o PT ficasse tanto tempo no poder".

Detalhe curioso é que o deputado, embora hoje abomine os governos de Cuba e da Venezuela, tenha se revelado admirador de Hugo Chávez nos idos de 1999. O jornal "O Estado de S. Paulo" produzira uma reportagem sobre o encontro do líder venezuelano — morto em 2013 — com o então presidente Fernando Henrique Cardoso, e repercutia as críticas de Chávez à globalização. Para isso, entrevistara o líder do PCdoB, Aldo Rebelo, e Bolsonaro. Indagado sobre o que achava do presidente da Venezuela, o capitão reformado foi só elogios:

— O que representa Chávez?

— É uma esperança para a América Latina e gostaria muito que esta filosofia chegasse ao Brasil. Acho ele ímpar. Pretendo ir à Venezuela e tentar conhecê-lo. Quero passar uma semana por lá e ver se consigo uma audiência.

— A qual figura histórica ele remete?

— Ao Marechal Castello Branco.

— Por que ele é admirável?

— Acho que ele vai fazer o que os militares fizeram no Brasil em 1964, com muito mais força. Só espero que a oposição não descambe para a guerrilha, como fez aqui.

— O que acha dos comunistas apoiarem Chávez?

— Ele não é anticomunista, e eu também não sou. Na verdade, não tem nada mais próximo do comunismo do que o meio militar. Nem sei quem é comunista hoje em dia.

O isolamento político que vivencia na antiga casa militar só não é maior do que o que experimenta no Congresso, onde sua atuação é considerada pífia. Até junho de 2018, em 27 anos em Brasília, propôs e aprovou pouquíssimos projetos. A maioria sem relevância. O mais polêmico foi o que determina a impressão do voto em urna eletrônica. Segundo ele, a "única forma de os partidos controlarem a fraude eleitoral".

Sua plataforma política não se baseia num grande projeto nacional. Em geral, manifesta-se contra os movimentos e os partidos de esquerda; as cotas raciais em universidades e concursos públicos; as políticas governamentais de distribuição de renda, como o Bolsa Família; os conceitos de diversidade inseridos na agenda da educação sexual de crianças e adolescentes; e a reforma agrária. Manifesta-se a favor da liberação do uso de armas pelo cidadão comum; da propriedade privada; da redução da taxa de juros; do estado mínimo, desde que se preserve a Petrobras; e do foro privilegiado para os militares.

Quando fala em projeto para o Brasil, segue a cartilha militar. Defende a construção de hidrelétricas e a exploração do subsolo para extração mineral. Acredita que o país se transformaria numa superpotência se explorasse a "tabela periódica" que se esconde debaixo do chão, rico em ouro, bauxita, diamante e, uma obsessão do deputado: nióbio. Por isso, é contrário à demarcação de terras indígenas e a manutenção das reservas. Para solucionar o problema da seca no Nordeste, sugere que o governo invista em projetos de dessalinizar as águas marinhas para irrigar o sertão nordestino.

Em seu primeiro mandato, como vereador do Rio de Janeiro, teve um início discreto. Foi apresentado pelo jornal "O Globo" como um dos representantes que davam uma "nova cara" à Câmara. Dos 33 titulares àquela época, apenas 13 conseguiram se reeleger, o correspondente a 39%. Era um Rio de Janeiro diferente do atual. Segundo levantamento do jornal, naquele tempo, o grande problema que merecia tratamento prioritário, de acordo com os 42 vereadores eleitos — o número de parlamentares na Câmara havia aumentado justamente naquele ano de 1989 —, era a saúde, com 30% das citações, à frente de educação (25%), habitação (15%), transporte (12%) e, pasmem, segurança (8%), hoje a grande bandeira tremulada por Bolsonaro.

A legislatura anterior fora marcada por denúncias de clientelismo, empreguismo e mordomia. Houve, pelo menos, três projetos que ganharam proporções de escândalo: a aprovação de um plano de carreira para o Tribunal de Contas do Município em troca de empregos; a aposentadoria aos quatro anos de mandato; e o tombamento do Morro Dois Irmãos, onde se pretendia construir um hotel cinco estrelas.

A Câmara estava renovada: dos 42 vereadores eleitos, 29 (69%) estreavam na casa. O mote de seus discursos era o do resgate da moralidade. Até março, Bolsonaro só marcara presença na missa celebrada em memória dos dois anos da morte do professor de Educação Física Marcellus Gordilho Ribas, 24 anos, filho da então presidente da Câmara, Regina Gordilho (PDT), que havia sido espancado por cinco policiais do 18º Batalhão da Polícia Militar (Jacarepaguá), na Cidade de Deus, em 17 de março de 1987, num crime que ficou impune.

Marcellus foi abordado por um sargento e um soldado do batalhão, quando estava num bar próximo a uma boca de fumo da Cidade de Deus. Os policiais consideraram que o jovem estava em "atitude suspeita" e que ele estivesse ali para comprar drogas. Marcellus apresentou a carteira de identidade, o CPF e a carteira de habilitação, mas, como não portava a carteira profissional, os policiais decidiram levá-lo num camburão à delegacia para averiguações.

Alegando que havia parado ali porque estava com o pneu do carro furado, o professor de natação recusou-se a entrar na viatura policial. Acabou algemado, arrastado à força e espancado na frente de testemunhas. Os golpes foram mortais. O laudo do Instituto Médico Legal constatou que ele teve as duas pernas fraturadas e sofreu contusões cerebrais graves, que o levaram à morte.

Naquele mesmo ano, os cinco policiais acusados de participar do assassinato foram julgados e condenados a 18 meses de prisão pela Auditoria de Justiça Militar, por terem se "excedido culposamente". Como eram primários, ficaram em liberdade e, em dezembro de 1989, foram absolvidos, por unanimidade, pela 2ª Câmara Criminal do Tribunal de Justiça.

A cerimônia, celebrada na quadra da Escola de Samba Mocidade Unida de Jacarepaguá, na Cidade de Deus, foi um ato de desagravo contra a violência na cidade e reuniu parentes e amigos de outras vítimas cujos casos tiveram repercussão na imprensa, como Nilson Lopes, pai de Mônica Granuzzo, morta ao despencar ou ser atirada pela janela de um apartamento na Lagoa, em 1985, e Aydée Barreira, mãe da modelo Cláudia Barreira, baleada por um policial em Búzios, em 1988. Após a missa, foi anunciada a criação da Associação de Familiares de Vítimas e Solidários Contra a Violência. Quase 30 anos depois, é difícil imaginar que Bolsonaro comparecesse hoje a evento como esse. Sua presença em manifestações pelos direitos humanos costuma se restringir aos atos contra a morte de policiais, em que costuma pregar que violência deve-se combater, "se for o caso", com mais violência.

Em abril de 1989, o nome de Bolsonaro começou a aparecer com mais frequência no noticiário sobre os trabalhos no Palácio Pedro Ernesto. Foi um dos cinco vereadores que em primeira instância se posicionaram contra a criação de 180 cargos de assessores para a Câmara, medida aprovada por 22 votos. Na votação final, em maio, manteve a posição, ao lado de oito vereadores, mas acabou derrotado: 26 se manifestaram a favor. Cada um passaria a ter direito a 20 assessores.

Em outubro, foi um dos articuladores do processo de afastamento do vereador Paulo César de Almeida (PFL) da comissão que analisava o pedido de destituição de Regina Gordilho da presidência da Câmara. Acusado com outros colegas, ex-colegas e funcionários da Casa de falsificar documentos para requisitar 347 funcionários de prefeituras do interior, Almeida presidia a Comissão Processante, e Bolsonaro, que era o relator, defendeu que o colega deixasse o grupo.

A promotora Maria Helena Rodrigues havia denunciado e pedido a prisão preventiva de Almeida e de outros quatro vereadores: Túlio Simões (PFL), Augusto Moreira Paz (PMDB), Paulo Emílio Coelho (PDT) e Carlos Carvalho (PTB). O juiz Fabrício Paulo Bandeira Bagueira Filho, então titular da 29ª Vara Criminal, não acatou o pedido, mas notificou Almeida e os outros 13 denunciados por falsidade ideológica, corrupção passiva e formação de quadrilha. Os acusados tinham 15 dias para apresentar suas defesas.

No fim dos trabalhos da comissão, Bolsonaro lançou mão de um argumento inusitado para absolver Regina Gordilho do processo de destituição: excesso de acusações. O relator justificou que pelo Regimento Interno não haveria tempo útil para que a vereadora se defendesse das denúncias. Por isso, votou contra o impeachment. Em votação secreta, os vereadores a destituiriam da presidência, mas Gordilho retomaria o cargo por meio de uma liminar.

A atuação de Bolsonaro, contudo, o conduziria à mesa diretora que coordenaria a elaboração da Lei Orgânica do Município, como segundo-secretário. Em dezembro, o vereador ainda seria mencionado no noticiário político, por ter sido um dos quatro que votaram contra o aumento do IPTU. O segundo ano do mandato seria agitado, com direito a cenas de pugilato no plenário.

Logo em janeiro de 1990, o vereador do PDC pegaria carona na denúncia feita pelo colega Wilson Leite Passos (PDS) de que a aprovação, em sessão extraordinária, na noite da terça-feira 17, de projeto de lei que autorizava o Executivo a criar a Companhia Municipal de Energia e Iluminação (RioLuz). A medida dava carta branca à prefeitura para promover um "trem da alegria", como era denominada a distribuição de cargos na administração pública. Os dois haviam sido os únicos a votar contra.

Em fevereiro, a dupla pautaria a imprensa novamente com outro ataque à prefeitura, que estaria alugando prédios administrados pela Riotur por preço irrisório para os restaurantes Rio's, Barracuda, Sol e Mar e Boa Vista. Localizados em pontos nobres da cidade, no Aterro do Flamengo, na Marina da Glória, na orla de Botafogo e no Alto da Boa Vista, alguns deles desembolsavam pelo espaço quantia inferior à que gastavam com água ou luz. Um deles pagava menos do que o valor de locação de uma quitinete na Zona Sul da cidade.

Com os preparativos para a votação da Lei Orgânica do Município, em março, os debates sobre "trens da alegria" voltaram à tona. A aprovação de uma emenda do vereador Túlio Simões (PFL) anulou as demissões no serviço público municipal desde a promulgação da Constituição Federal, em 5 de outubro de 1988. Isso significava que os 400 servidores afastados no início de 1989, por terem sido requisitados pela Câmara irregularmente, poderiam retornar aos cargos, bem como outros, em número não estimado, que não tivessem sido demitidos por inquéritos administrativos. Todos restabeleceriam o vínculo funcional da época em que foram afastados, gerando ainda um grande passivo para os combalidos cofres do município.

Bolsonaro, Wilmar Palis (à época, sem partido) e Guilherme Haeser (PT) tentaram, sem sucesso, boicotar o quórum para a votação, e viram outro artigo polêmico passar: uma emenda do vereador Jorge Pereira (Pasart) dava a concessão para a exploração de trailers na orla carioca aos comerciantes instalados há mais de cinco anos.

— Devolvam os cachorros-quentes, caso contrário não haverá Lei Orgânica — ironizou Bolsonaro, em alusão ao artigo que ficou conhecido como "lobby do cachorro-quente".

Em 27 de março de 1990, no início do segundo turno da votação do projeto de lei, foi um dos protagonistas da grande confusão que se formou na apreciação de uma emenda do vereador Alfredo Sirkis (PV), que propunha a supressão de um artigo que previa a cassação de vereador que denegrisse a imagem da Câmara. Convocado para fazer a chamada dos parlamentares, irritou-se quando o vereador Américo Camargo (PL) decretou a manutenção do artigo, com o voto de minerva que determinou o placar de 18 a 17. Deu um soco na mesa e vociferou:

— Quero ver quem tem coragem de me cassar neste plenário!

Foi o bastante para que se instaurasse uma grande confusão envolvendo o Bloco Progressista, formado basicamente por integrantes dos partidos de esquerda, e o centrão, liderado pelo vereador Maurício Azêdo (PDT). Este já havia xingado no início da sessão Chico Alencar (PT) e Francisco Milani (PCB), presidente da Câmara, que abandonou os trabalhos em protesto contra o que considerou "falta de respeito". Involuntariamente, o soco de Bolsonaro na mesa soou como gongo, e o plenário se transformou num ringue. Azêdo partiu para cima de Alencar e lhe acertou um murro no rosto. Ivo da Silva (PTR) pulou diversas cadeiras para atacar Guilherme Haeser (PT). Uma nova votação foi organizada, e a emenda, aprovada.

A Lei Orgânica foi validada na quarta-feira 4 de abril por 30 votos a cinco. Bolsonaro, que fazia parte do Grupo dos 18, como ficaram conhecidos os parlamentares que se opuseram à formação de "trens da alegria", foi um dos que votaram contra, ao lado de Guilherme Haeser, Wilson Leite Passos, Regina Gordilho e Wilmar Palis.

Em setembro, o vereador cerraria fileira ao lado de Chico Alencar (PT) e Mário Dias (PDT) para um esforço pela apreciação de projetos de lei durante as sessões ordinárias, ampliando o horário das votações, inclusive tomando o espaço de duas horas dos tradicionais discursos de sexta-feira, para evitar a convocação das sessões extraordinárias. Cada uma rendia a cada vereador 9.812,37 cruzeiros (R$ 731, em valores atualizados), só pela assinatura no livro de presença, e, no fim do mês, 60 mil cruzeiros (R$ 4.469,86), que se somariam aos 310 mil cruzeiros (R$ 23.094,25) líquidos que cada um embolsava.

— Nós já recebemos uma remuneração razoável para exercer o mandato, e não precisamos de expedientes desse tipo. Isso é vergonhoso! — reclamou Bolsonaro.

Em novembro, seguindo sua campanha contra as mordomias dos parlamentares, ele devolveria à Primeira Secretaria da Câmara dos Vereadores os cinco mil cartões de Natal que recebera para enviar a eleitores, tal como cada um de seus 41 colegas. Foram impressos 210 mil cartões pela Gráfica e Editora Armando de Souza, que recebeu da casa, pelo trabalho, 296.100 cruzeiros (R$ 17.310).

— Desejar votos de boas festas às custas do contribuinte é uma afronta à sociedade! — protestou Bolsonaro.

De resto, o capitão reformado utilizou com frequência a seção de cartas dos leitores dos jornais como tribuna para desferir ataques ao PT; denunciar os baixos salários da tropa e das pensões de ex-combatentes; a falta de isonomia entre os vencimentos da PM e dos Bombeiros em relação ao soldo dos militares das Forças Armadas; as condições precárias dos hospitais militares e do Fundo de Saúde do Exército.

Quando os jornais deixaram de publicar mensagens de políticos na seção de cartas, Bolsonaro descobriu um modo mais eficaz de garantir espaço na mídia. Na defesa das pequenas e grandes bandeiras que levanta em nome do que há de mais conservador ou reacionário, deixa sua impulsividade falar mais alto e vocifera em lugar de argumentar, não raro, distribuindo coices nos adversários políticos, ao melhor estilo do Cavalão. Começa a fabricar, assim, um personagem de si mesmo. Nasce o "mito".

CAPÍTULO 9
BATALHÃO DE BOLSONAROS

Bolsonaro sempre sonhou alto com a política. Menos de um mês após a diplomação na Câmara dos Vereadores, já articulava o plano de se candidatar a deputado federal. A estratégia de seu grupo era focar em candidaturas à Câmara dos Deputados e às assembleias legislativas em estados com grande concentração de militares, como Rio, Rio Grande do Sul, Mato Grosso do Sul, Paraná, Ceará e Distrito Federal. A articulação envolveria o Corpo de Bombeiros e a Polícia Militar, e deixaria fora qualquer legenda associada à esquerda, como PT, PDT, PCB e PCdoB. O vereador do PDC comandava as ações de seu gabinete no Palácio Pedro Ernesto:

— Para chegar ao Congresso, um candidato comum tem que gastar muito dinheiro, com certos apoios, e depois tem que pagar esses compromissos. E isso não é do nosso feitio. Um candidato militar tem mais possibilidade de se eleger sem gastar muito, devido ao grande número de militares e seus parentes, que tendem a votar nele — justificava.

No fim de janeiro de 1989, seu nome já era certo na corrida por uma vaga em Brasília em outubro — ao lado de outros 24 militares da ativa ou reformados da Marinha, do Exército e da Aeronáutica, de olho na Câmara ou nas assembleias legislativas de, pelo menos, dez estados, sob as legendas de PDS, PL e PDC. Bolsonaro não contou com muito apoio do partido, que queria garantir em Brasília um outro candidato mais afinado com a cúpula. Mesmo sem espaço na propaganda eleitoral na TV e no rádio, valeu-se da notabilidade que ganhara nas polêmicas em que se envolvera no Palácio Pedro Ernesto e das missivas na seção de cartas dos leitores dos jornais cariocas.

A estratégia deu certo, e Bolsonaro se elegeu para seu primeiro mandato federal, com 67.041 votos. Ficou em 6º lugar entre os 46 eleitos, atrás apenas de Cidinha Campos (PDT), com 304.500; Amaral Netto (PDS), 134.313; César Maia (PDT), 114.304; Fábio Raunheitti (PTB), 104.782; e Sérgio Arouca (PDT), 87.724. O político contabilizara seis vezes mais votos do que recebera na eleição anterior, para a Câmara Municipal do Rio.

Quando os votos das urnas ainda não haviam sido totalmente computados, mas já se sabia que ele estava eleito, o capitão da reserva anunciava algumas de suas propostas controversas, como a pena de morte para homicidas, desde que a população tivesse acesso à esterilização gratuita. A implementação de uma política de controle de natalidade, com a inclusão das cirurgias de vasectomia e de ligadura de trompas nos hospitais públicos, era uma de suas prioridades:

— Um filho indesejado, abandonado ou criado em condições precárias pode se tornar um bandido no futuro. Por isso, acho que primeiro é preciso controlar a natalidade e, somente depois, implementar a pena de morte para alguns casos, como sequestros ou estupros seguidos de morte — justificava ao jornal "O Globo".

O aumento salarial para os militares, claro, também estava em sua plataforma. Ele entrara com um mandado de injunção no Supremo Tribunal Federal (STF) para que os deputados votassem projeto do senador Jarbas Passarinho (PDS) propondo elevar os salários dos ministros de cerca de 200 mil cruzeiros (R$ 13.208,79, em valores atualizados) para o mesmo valor que recebiam os senadores, cerca de 600 mil cruzeiros (R$ 39.623,37). A ideia era que o reajuste aos ministros, incluindo os militares, garantisse aumento também para os funcionários públicos civis e militares.

O STF não se pronunciou sobre a requisição, e Bolsonaro ajuizou uma ação popular na 2ª Vara Federal para que fosse garantido o oposto do que propusera: a redução dos vencimentos dos senadores ao patamar dos ministros. Ao explicar a falta de lógica entre os dois processos, o deputado disse a uma repórter do jornal carioca:

— Não estou querendo prejudicar ninguém, mas é como se eu não tivesse conseguido namorar você e, aí, passasse a dizer para todo mundo que você é feia.

A atuação de Bolsonaro no Congresso começou de forma mais discreta. Em 1992, votou a favor do impeachment de Collor. Em 1995, integrou a Comissão de Defesa Nacional e foi novamente indicado para a Comissão de Trabalho, Administração e Serviço Público da Câmara. Naquele ano, apoiaria a quebra do monopólio dos governos estaduais na distribuição de gás canalizado e a mudança no conceito de empresa nacional. Manifestou-se também contrário à abertura do setor de navegação de cabotagem às embarcações estrangeiras e ao fim dos monopólios estatais nas telecomunicações e na exploração do petróleo pela Petrobras.

No ano seguinte, posicionou-se contra a criação da Contribuição Provisória sobre Movimentação Financeira (CPMF), destinada a cobrir gastos com a Saúde Pública, a Previdência Social e com o Fundo de Combate e Erradicação da Pobreza. Em 1997, passou a fazer parte da Comissão de Relações Exteriores e Defesa Nacional. Ainda em fevereiro, votou contra a emenda que estabeleceu reeleição para prefeitos, governadores e presidente. Em maio, foi um dos parlamentares que denunciaram a compra de votos do governo Fernando Henrique para a aprovação da emenda da reeleição. Em novembro, pronunciou-se contra o destaque ao projeto de reforma administrativa do governo federal que instituía a possibilidade de servidores públicos serem demitidos em caso de mau desempenho ou quando despesas com o funcionalismo ultrapassassem 60% do que o Estado arrecadasse.

Em 1999, Bolsonaro tornou-se titular da Comissão de Constituição e Justiça e de Cidadania — o que causou tremenda confusão, como se verá num capítulo mais à frente — e da Comissão de Relações Exteriores e de Defesa Nacional. Em 2000, seguindo a sua agenda de estado mínimo e mantendo o posicionamento da época da criação da CPMF, foi o único parlamentar a votar contra a instituição do Fundo de Combate à Pobreza.

Em 2003, foi titular das comissões de Constituição e Justiça e de Cidadania; de Relações Exteriores e de Defesa Nacional, e de Segurança Pública e Combate ao Crime Organizado. Ainda no início daquele ano, manifestou-se contra a reforma da previdência proposta pelo governo de Luiz Inácio Lula da Silva. Em 2016, declarou-se contrário à anistia ao caixa 2. E, em 2017, ano em que se aproximou dos evangélicos e entrou para o Partido Social Cristão (PSC), do pastor Everaldo Dias Pereira, concorreu pela terceira vez à presidência da Câmara dos Deputados, amargando novo fracasso e obtendo apenas quatro votos — ele já havia se candidatado ao mesmo cargo em 2005 e 2011.

Seus conselheiros políticos mais próximos são os três filhos mais velhos, de seu primeiro casamento, com Rogéria Bolsonaro: Flávio Bolsonaro, a quem o pai chama de Zero Um — como os militares se referem aos mais antigos ou melhor colocados —; Carlos Bolsonaro, o Zero Dois; e Eduardo Bolsonaro, o Zero Três. O trio faz parte do projeto de poder do pai, que amplia a participação do clã na política: em 2018, Flávio é deputado estadual fluminense; Carlos é vereador carioca; e Eduardo é deputado federal por São Paulo — todos pelo Partido Social Liberal (PSL).

Dos três filhos do primeiro casamento, Eduardo, o mais novo — daí o Zero Três —, é o mais próximo no dia a dia do deputado em Brasília e também costuma despachar do gabinete do pai, decorado com fotos emolduradas dos cinco generais que ocuparam a Presidência da República durante a ditadura: Humberto Castello Branco, Arthur da Costa e Silva, Emílio Garrastazu Médici, Ernesto Geisel e João Baptista Figueiredo.

O filho mais novo, Jair Renan Bolsonaro, de 19 anos, deve ser o próximo da fila a tentar a sorte na política. Estudante de Direito e com planos de entrar para as Forças Armadas, parece querer seguir os passos do pai. É filiado ao PSC desde março de 2016. No ano seguinte, criou um perfil de figura pública no Facebook, que automaticamente garante uma visibilidade maior nas redes do que um perfil pessoal, e contava em junho de 2018 com 26 mil seguidores.

Em seu perfil, ele declara: "Eu, Jair Renan Bolsonaro, usarei essa página para propagar meus ideais e meus projetos. Por meio dela, eu me aproximarei de você, permitindo uma troca de ideias e pensamentos. #Bolsonaro #SomosTodosBolsonaro". É um claro ensaio de discurso a seus potenciais eleitores. A exemplo dos irmãos mais velhos, o caçula segue a cartilha do clã. Alinha-se com a direita e defende abertamente o Golpe de 64. Numa postagem de 2017, 53 anos depois do início da ditadura no Brasil, escreveu: "Mais importante que nossas vidas, nossa liberdade. Salve 31/março/1964. Brasil acima de tudo! Deus acima de todos!", repetindo o slogan do pai. Numa outra mensagem, colocou uma foto de Bolsonaro armado com a seguinte legenda: "O cidadão armado é a primeira linha de defesa de um país".

Para padrões brasileiros, Bolsonaro até que demonstra certa fidelidade a legendas em seu projeto político. São várias as mudanças, mas a maioria decorre de fusões partidárias. Até começar a articular sua candidatura à presidência. Aí, tudo parece mudar de figura.

O capitão da reserva entrou para a política pelo Partido Democrata Cristão (PDC), em 1988, e manteve-se no Partido Progressista Reformador (PPR), originário da fusão do PDC com o Partido Democrático Social (PDS), de 1993 até o início do segundo mandato como deputado federal. Em 1995, transferiu-se para o Partido Progressista Brasileiro (PPB), resultado da fusão do PPR com o Partido Progressista (PP), onde permaneceu até o início do quarto mandato. Em 2003, trocou o PPB pelo Partido Trabalhista Brasileiro (PTB) e, em 2005, virou a casaca por duas vezes consecutivas: largou o PTB pelo Partido da Frente Liberal (PFL), abandonado, logo em seguida, pelo PP, nova denominação do PPB, onde continuou até meados do sétimo mandato. Em março de 2016, trocou o PP pelo Partido Social Cristão (PSC), onde ficou até julho de 2017, quando migrou para o Partido Ecológico Nacional (PEN), pelo qual pretendia se candidatar à Presidência da República. Na virada do ano, porém, decidiu fazer nova troca e ingressou no nanico Partido Social Liberal (PSL).

Em 2018, na primeira semana de janeiro, com a imprensa ainda vivendo a ressaca do Ano Novo em busca de novidades para o noticiário político, esvaziado em decorrência do recesso parlamentar, Bolsonaro já falava como pré-candidato à Presidência da República. Sem merecer destaque na capa dos matutinos, embora estivesse em segundo lugar nas pesquisas sobre a corrida presidencial, protagonizou uma grande confusão ao negociar sua candidatura com os partidos liberais.

Na sexta-feira 5, quando as atenções ainda estavam voltadas para a nomeação de Cristiane Brasil para o Ministério do Trabalho — após encontro dois dias antes, no Palácio do Jaburu, do presidente Michel Temer com Roberto

Jefferson, condenado por corrupção e lavagem de dinheiro no escândalo do mensalão, que comemorou a indicação da filha como "um resgate" do nome da família —, Bolsonaro anunciava que iria concorrer à presidência pelo Partido Social Liberal (PSL). O fato provocou a ira do pessoal do Patriota, que o acusou de quebrar a "palavra de honra" dada à legenda. O antigo PEN havia sido rebatizado a pedido do capitão, nomeou indicados por ele para a direção e o transformou na estrela da propaganda da sigla no ano anterior. Bolsonaro passara a dar as cartas. Seu ingresso no PSL também levou ao término abrupto no namoro do partido com o Livres, que estava reformulando a legenda e havia assumido 12 diretórios estaduais.

Obtido pelo jornal "O Globo", um vídeo gravado em 23 de novembro de 2017, registrava a promessa feita por ele, ao lado do presidente do Patriota, Adílson Barroso de Oliveira:

— Decisão final. Palavra vale muito mais do que um pedaço de papel. Está tudo certo para nossa filiação em março do ano que vem, e juntos partimos para um projeto de um Brasil diferente. Quando se faz isso, um casamento, todo mundo perde um pouco para que no conjunto nós venhamos a ganhar — dizia o deputado.

Cerca de 15 dias antes de Bolsonaro ser anunciado como pré-candidato do PSL, Adílson de Oliveira havia rejeitado uma exigência de um interlocutor do deputado federal, após atender todos os pedidos do parlamentar até então. Foi o bastante para perder o contato com Bolsonaro:

— Eles queriam assumir todo o diretório nacional. Eu não aceitei essa condição porque queriam tomar o partido de mim.

Jair Bolsonaro se defendeu dizendo que não tinha garantia no Patriota de que seria candidato:

— O Bivar *(presidente do PSL)* está em um partido pequeno e, sozinho, dificilmente sobreviveria à cláusula de barreira *(cláusula de desempenho eleitoral para que os partidos políticos tenham acesso ao fundo partidário e ao tempo gratuito de rádio e televisão)*. Eu não tinha garantia da legenda no Patriota. Estamos fazendo um casamento.

O anúncio de Bolsonaro e do PSL foi feito por meio de uma nota divulgada à imprensa, em que o texto falava de "orgulho" e "comunhão de pensamentos", e nas bandeiras que partido e candidato defenderiam nas eleições previstas para outubro deste ano: "(...) o pensamento econômico liberal, sem qualquer viés ideológico, assim como o soberano direito à propriedade privada e a valorização das Forças Armadas e da segurança. Ambos comungam também da necessidade de preservar as instituições, proteger o estado de direito em sua plenitude e defender os valores e os princípios éticos e morais da família brasileira".

Como um cônjuge traído, o Livres também se pronunciou em nota: "A chegada do deputado Jair Bolsonaro, negociada à revelia dos nossos acordos, é inteiramente incompatível com o projeto do Livres de construir no Brasil uma força partidária moderna, transparente e limpa. Recusamos a reciclagem do passado. Não vamos arrendar nosso projeto à velha política de aluguel. Nosso compromisso não é com a popularidade das pesquisas da semana passada".

Nos bastidores, prevaleceu o entendimento de que Bolsonaro abandonou o Patriota porque não obteve a maioria no diretório nacional e teria mais chances de alcançar tal objetivo no PSL. Com isso, o garimpeiro de ouro e de votos garantiria o poder de distribuir os cobiçados recursos dos fundos partidário e eleitoral a seu bel-prazer, além de determinar alianças, inclusive, nas esferas estaduais.

No xadrez político, com a proibição das doações empresariais para as campanhas, essas verbas passaram a ser fundamentais. O PSC, antigo partido de Bolsonaro, havia amealhado R$ 14,9 milhões com o fundo partidário em 2017, contra R$ 4,5 milhões do Patriota/PEN e R$ 5,3 milhões do PSL. Haveria ainda o reparte do recém-criado fundo eleitoral, que dividiria R$ 1,7 bilhão entre as siglas, de acordo com seu tamanho.

Adilson Barroso, do Patriota/PEN, voltaria à carga, expondo a estratégia do clã:

— Eles pediram primeiro cinco estados (diretórios estaduais) e cinco cargos na executiva nacional. Depois, pediram mais cinco, mais cinco e já estavam em 23 estados. Isso não é bom porque tinha gente há anos filiada ao partido, e, com isso, deputados já queriam sair. Por último, pediram a presidência nacional.

Zero Dois, o vereador Carlos Bolsonaro (PSC-RJ), saiu em defesa do pai e postou numa rede social que o PSL dera "garantias reais e não apenas apalavradas, como maioria no conselho, logo com poder de decisão, com novo código de conduta e com as representações estaduais afinadas". Numa outra mensagem, afirmou que havia o risco de o pai ter a candidatura "melada".

Exposto por Zero Dois, o presidente do PSL, Luciano Bivar, refutou que tivesse negociado o controle do partido ao filiar Bolsonaro:

— Não teve nenhum fisiologismo, nenhuma condição. Foi uma convergência de pensamentos, de um Brasil mais enxuto, diminuição do Estado, simplificação dos impostos, economia de mercado.

O anúncio da chegada de Bolsonaro ao PSL provocava uma crise no partido. Com a debandada do Livres, o projeto de eleger seis deputados federais voltava à estaca zero. Qual seu novo filiado, Bivar soltava bravatas do tipo "quem vier para não apoiar o Bolsonaro é preferível que não venha!", quando, na verdade, havia muito mais gente a debandar do que a ingressar no partido. Seu próprio filho, Sérgio, um dos fundadores do Livres, optou pela dissidência.

Bolsonaro oficializou a mudança para o PSL na quarta-feira 7 de março, véspera da abertura da janela para a troca de partido, sem a ameaça de perda de mandato por infidelidade. O ato foi um misto de culto evangélico com cerimônia de hasteamento da bandeira nacional. O capitão da reserva foi recebido por seus apoiadores aos tradicionais gritos de "Mito". Antes de discursar, cantou o Hino Nacional, com toda a plateia acompanhando o coro de pé, e rezou o Pai Nosso puxado com fervor pelo senador Magno Malta.

Bolsonaro aproveitou o momento para rebater as críticas de que é despreparado para governar o país, dizendo que escalaria os ministérios com "gente gabaritada" para defender os militares, a ditadura, o armamento de civis e a violência como método de controle da violência:

— Os militares sempre foram defensores da liberdade e da democracia. Ditaduras sempre se instalam. Primeiro, com o desarmamento da sociedade. Nós temos que discutir, sim, essa questão do armamento. Falam jocosamente que sou apoiado pela bancada da bala. Essa bancada vai aumentar. Como diz o deputado Francischini *(Fernando Francischini, deputado federal e presidente do partido Solidariedade)*, vai virar a bancada da metralhadora para defender a liberdade e a vida. Violência se combate com energia e, se for necessário, com mais violência.

E desfilou seu preconceito ao tentar se esquivar da imagem de homofóbico:

— Um pai ou uma mãe prefere chegar em casa e ver um filho homem com o braço quebrado no futebol do que vê-lo brincando de boneca por influência na escola.

Foi um discurso moderado para os padrões do ex-capitão. Se chegara ali com cacife para pleitear o cargo mais importante do país, ocupando a segunda colocação nas pesquisas de intenção de voto, não fora pela moderação. Ao contrário. Na verdade, embora atualmente já tenha trilhado na carreira política quase o dobro de estrada em comparação à trajetória militar — 30 anos contra 16 —, os modos do deputado parecem mais arraigados à (falta de) etiqueta dos quartéis do que aos protocolos do parlamento. O personagem Bolsomito foi construído à base de coices que Cavalão distribuiu a torto e a direito — ou melhor, à esquerda —, em tudo e todos que se opuseram à sua agenda conservadora. Foram muitas as rabichadas. A primeira, contra os defensores da democracia.

CAPÍTULO 10
SAUDADES DA DITADURA

Na Grécia Antiga, Aristóteles (384 a.C. a 322 a.C.) já falava na democracia como uma versão corrompida da politeia, o regime de governo "para muitos". Para o filósofo grego, a tendência de um governo é sempre se degenerar. Assim, mesmo sendo em sua opinião o melhor sistema, o pensador alertava para o risco de na democracia os governantes passarem a agir em seu próprio interesse — ou dos grupos que os sustentam — em vez de administrar visando ao bem-estar da sociedade como um todo — como seria o caso da politeia.

Ficou célebre a frase do historiador, militar e estadista britânico Winston Churchill: "Muitas formas de governo foram tentadas, e serão testadas neste mundo de pecado e aflição. Ninguém finge que a democracia é perfeita ou onisciente. De fato, diz-se que a democracia é a pior forma de governo, exceto todas as outras formas que foram testadas de tempos em tempos". Antes, o brasileiro Rui Barbosa, escritor, jornalista, jurista, diplomata e político, bradava: "A pior democracia é preferível à melhor das ditaduras".

Por mais variados que sejam os modelos, há aspectos que determinam o grau de democracia em determinado governo, como a liberdade de expressão ou de associação em grupos, por exemplo. A democracia que Jair Messias Bolsonaro defende é a dos militares. Não a dos militares que defendem a democracia e o direito ao voto, mas a daqueles que suprimiram o direito ao voto, alegam, "em favor" da democracia. Se no primeiro ano de mandato, o capitão reformado estreou com relativa timidez no cenário político de Brasília, limitando-se a organizar marchas de viúvas de militares reclamando direitos como a pensão integral, no segundo, ele se sentiu mais à vontade para adotar a estratégia de verbalizar declarações polêmicas para garantir mais espaço na mídia, revelando seu desprezo pela democracia e pelos direitos humanos.

O primeiro episódio foi sobre o Massacre do Carandiru, em 2 de outubro de 1992, em que agentes da Polícia Militar reprimiram uma rebelião na Casa de Detenção de São Paulo, matando 111 detentos. Ante a comoção que se instaurou e os protestos de órgãos como a Anistia Internacional, Bolsonaro vociferou:

— Morreram poucos. A PM tinha que ter matado mil!

No dia 23 de junho do ano seguinte, provocaria mais confusão ao defender, num encontro político em Santa Maria (RS), o fechamento do Congresso. A Câmara dos Vereadores do município do interior gaúcho, que lhe concedera o título de cidadão ilustre uma semana antes, aprovou por unanimidade uma moção de repúdio ao deputado, trocando a comenda pela de *persona non grata*.

A reação na Câmara, em Brasília, foi rápida. Até o PPR, então partido do deputado, cogitou sua expulsão caso não se retratasse. O capitão não bateu continência para o presidente da legenda, Adílson Motta:

— Ele disse que quer uma retratação. Como colega de partido e vice-presidente da Casa, deveria primeiro conversar comigo. Onde está a democracia, que dá direito a opiniões diferentes?

Em seguida, voltou a defender o fechamento do Congresso, dessa vez minimizando um pouco a medida:

— Ninguém acredita mais nele. O Congresso deveria ser congelado temporariamente. Os parlamentares são despreparados.

E, claro, apontou o regime de exceção como saída para os males da República:

— Há leis demais que atrapalham. Num regime de exceção, um chefe, que não precisa ser militar, pega uma caneta e risca a lei que está atrapalhando.

Bolsonaro não somente deixou de se retratar como, no dia seguinte, repetiu o que dissera, ao microfone do plenário da própria Câmara dos Deputados. Em seu discurso, afirmou que o Congresso estava "à beira da falência" e que se desse "mais um passo rumo ao abismo", o que em sua opinião estava próximo de acontecer, seria "a favor de uma ditadura, de um regime de exceção".

O presidente da Casa, Inocêncio de Oliveira (PFL-PE), acionou a Corregedoria Geral e a Procuradoria Parlamentar. O coordenador da Procuradoria, o deputado Vital do Rêgo (PDT-PB), entrou com uma representação na Comissão de Justiça para que Bolsonaro perdesse a imunidade e fosse julgado por falta de decoro e crime contra a Lei de Segurança Nacional. Especulava-se que ele poderia perder o mandato e ser condenado a até seis anos de prisão. Nada disso ocorreu. No fim das contas, a punição ficou só na advertência, e Bolsonaro voltaria a repetir as bravatas pouco tempo depois. Novamente, a Mesa da Câmara defenderia seu afastamento por 30 dias, mas a Comissão de Constituição e Justiça vetaria a punição.

A celeuma garantiu ao capitão bem mais do que 15 minutos de fama. Um mês depois, em 25 de julho de 1993, deu no "The New York Times": "Conversations/Jair Bolsonaro: A soldier turned politician wants to give Brazil back to army rule". Numa tradução livre, "Conversas/Jair Bolsonaro: Um soldado transformado em político quer devolver o Brasil às regras do Exército".

Dois dias antes de o jornalão norte-americano publicar a reportagem de página inteira assinada por seu então correspondente no Rio, James Brooke, oito crianças e adolescentes haviam sido mortos por policiais militares ao lado da Igreja da Candelária, no Centro do Rio de Janeiro, no massacre que chocou o Brasil e o mundo, e que ficou conhecido como Chacina da Candelária. Fazia oito anos da retomada da democracia no Brasil, e o deputado afirmava que somente o regime militar poderia dar jeito no país, tornando a nação "próspera e saudável". Em agosto daquele ano, na mesma cidade de São Sebastião do Rio de Janeiro, 21 moradores da favela de Vigário Geral seriam assassinados durante uma incursão de policiais militares, em outro massacre com repercussão planetária, marcado como a Chacina de Vigário Geral.

Se a defesa da ditadura garantira espaço nobre no "The New York Times", para que mudar a estratégia bombástica? Em dezembro de 1998, dessa vez numa entrevista para a revista "Veja", ele afirmou que a ditadura de Augusto Pinochet "devia ter matado bem mais gente" do que os mais de três mil chilenos assassinados pelo regime de exceção — incluindo o então presidente da República, Fernando Henrique Cardoso, à época exilado no país andino — e enalteceu como "modelo" o peruano Alberto Fujimori, que em 5 de abril de 1992, com o apoio das Forças Armadas, dissolvera o Congresso e fechara o Poder Judiciário, o Ministério Público, o Tribunal Constitucional e o Conselho da Magistratura.

Em entrevista ao programa "Câmera aberta", comandado pelo apresentador Jair Marchesini, exibida na TV Bandeirantes, na madrugada do domingo 23 de maio de 1999, voltaria a defender o fuzilamento do presidente Fernando Henrique Cardoso. FHC enfrentara nos primeiros meses de seu segundo mandato a forte desvalorização do Real e também uma crise política, já que sustentava o discurso da estabilidade econômica na estabilidade da moeda. Trocara o comando do Banco Central por duas vezes: Gustavo Franco pediu demissão logo na segunda semana de janeiro e foi substituído por Francisco Lopes, que ficou apenas três semanas no cargo, demitido pelo ministro da Fazenda, Pedro Malan.

Em 14 de abril, revelou-se o escândalo do banco Marka, de Salvatore Cacciola, que quebrou com a desvalorização do Real: na gestão de Chico Lopes à frente do BC, o Marka e o banco FonteCindam receberam tratamento diferenciado pelo bancão e compraram dólares a preços abaixo da cotação. O Congresso Nacional instaurou, então, a CPI dos Bancos, e a Polícia Federal localizou documentos que comprovariam um depósito de US$ 1,6 milhão numa conta no exterior em favor do ex-presidente do BC.

Provocado pelo apresentador da Bandeirantes, Bolsonaro foi desferindo os primeiros golpes em FHC:

— Você acha que o presidente da República está desgastado perante a população? E junto ao Congresso Nacional, qual análise você faz hoje do Fernando Henrique Cardoso?

— Olha, nós vivemos sob a égide do governo mais corrupto da história do Brasil. Eu botaria um ponto final aí. A ele não interessa que nenhuma CPI seja instalada na Câmara dos Deputados, que algo seja apurado, porque vai chegar nele, vai chegar no governo dele. Até dizem que aquele dossiê Cayman veio de fora. Aquilo foi para mostrar para o governo daqui o seguinte: "Olha, vocês têm o rabo preso lá fora, se não fizerem o que nós queremos agora, em janeiro, a gente vai denunciar isso, e vocês vão cair igual caiu o Collor de Mello".

A metralhadora se voltou, então, contra Chico Lopes, e Bolsonaro deixou transparecer todo seu desprezo pelos direitos humanos:

— Agora, como é que pode um ex-presidente de Banco Central falar que tem direito de ficar calado. É um imoral, um sem-vergonha, tem que ir lá contar a verdade. Por que o medo da verdade? Eu não tenho medo da verdade. Pode perguntar qualquer coisa para mim. A não ser que seja da minha vida particular. Fora isso, eu abro tudo pra você, não tem problema. Agora, é um governo que não tem moral. Ele mesmo recomenda ao chefe da Casa Civil dizer ao Chico Lopes que ele não podia abrir a boca. Porque se ele abre a boca, cai o governo. Ou você acha que só banqueiro participou disso aí?

— Ao seu juízo, o que você acha do Chico Lopes?

— É um ladrão. Eu não posso falar outra coisa. Quer me processar, processa. Ainda bem que eu tenho imunidade, tá ok? Eu me escudo realmente na imunidade. Eu tenho, preciso dela. Caso contrário, eu estaria morto. Eu não tenho dinheiro para contratar advogado. Eu ganho cinco mil líquidos por mês *(R$ 21.207,77, em valores atualizados pelo IGP-M da FGV de maio de 2018)*. Tenho 30% de pensão alimentícia, três mil de pensão por mês *(R$ 12.724,66)*. Eu não reclamo do meu salário, não. Mas eu não tenho condição para contratar advogado. Porque ou você contrata advogado de nome, como o Chico Lopes contratou, não sei a peso do quê, de dólar, com toda certeza, ou você não tem advogado. Quer ver? Na CPI do Narcotráfico. Entrei sem querer nela. Tava numa sessão secreta. Tava ouvindo aquele coronel, que estaria envolvido, que teria colocado a mala dentro do avião pra ir pra fora. Tava lá, quando logo cheguei, o Tuminha *(o então deputado federal Robson Tuma, um dos sub-relatores da CPI do Narcotráfico, filho de Romeu Tuma, diretor-geral do Dops paulista de 1977 a 1982 e senador entre 1995 e 2010)* deu um tapa na mesa e perguntou pra ele: "Qual é o brigadeiro que o senhor está escondendo?". Acabou ali o depoimento do coronel. "O Tuminha não pode fazer aquilo. Isso é falta de caráter". E daí o Moroni Torgan *(então relator)* perguntou: "Por que o senhor não veio com advogado?". "Eu não vim com advogado porque eu não tenho dinheiro para contratar advogado". Não tô defendendo o coronel, não. Mas o Chico Lopes é totalmente diferente. Ninguém deu tapa na mesa pro Chico Lopes abrir a boca. Daí o coronel puxou o contracheque dele. É 3.500 reais por mês *(R$ 14.845,44)*, cinco filhos. Não tô defendendo o coronel, não, por favor! Mas coronel da Aeronáutica não tem como contratar advogado para defendê-lo. Agora, é tratado como bandido, chega lá prejulgado.

— Você não acha que a CPI nesse papel até confunde esse papel da CPI quando vai alguém depor no Congresso Nacional ou...

— Tapa na mesa, querer até ir pra porrada, não é o caso. Dá porrada no

Chico Lopes. Eu até sou favorável na CPI, no caso do Chico Lopes, a colocarem um pau-de- arara lá. Ele merecia isso, pau de arara. Funciona. Eu sou favorável à tortura, tu sabe disso. E o povo é favorável a isso também. Você pega o irmão do Jabes Rabelo *(Abidiel Pinto Rabelo, preso em São Paulo, em junho de 1991, com 554 quilos de cocaína e uma falsa carteira de assessor parlamentar da Câmara dos Deputados assinada por Jabes)*, com 500 quilos de cocaína no lombo, e acha que ele tem que ser tratado com dignidade. E nós aqui torturados, preocupados com a possibilidade de nossos filhos serem aliciados pelo tráfico nas escolas. Isso o pessoal chama de democracia. Essa porcaria que a gente vive hoje em dia é o que esse pessoal lá de cima chama de democracia.

— O senhor tem saudades do regime militar?

— Quem tem é o povo. Não pelo regime em si. É que tinha mais dignidade naquela época. Hoje, você vê colega de esquerda falar: "Nem no regime militar acontecia isso...". No regime militar, roubava-se 10% da embaixada da França. Hoje, rouba-se 90%.

Marchesini investiu, então, no tema dos direitos humanos:

— Você acha que essa palavra chamada "cidadania", essa palavra tão pouco, vamos chamar assim, não tão bem aceita, não tão bem entendida pela sociedade...

— Que cidadania, xará? O governo criou uma Secretaria Nacional dos Direitos Humanos. Eu prefiro chamar de Secretaria Nacional da Vagabundagem. Botou lá o José Gregori *(jurista, foi também ministro da Justiça de abril de 2000 a novembro de 2001, no governo Fernando Henrique Cardoso)*. Esse pessoal só vê direitos de marginais, de malandros. O Gregori, agora ele parou, queria uma indenização aos familiares dos 111 mortos do Carandiru. E as centenas ou milhares de viúvas e de órfãos que esses 111 presos fizeram ao longo de sua vida na criminalidade, o que reservar pra eles? Nada! Completamente distorcido.

A entrevista passeou por assuntos caros ao deputado federal. Ao ser indagado sobre a política de segurança pública no governo do Rio de Anthony Garotinho, Bolsonaro provocou, dando outra alfinetada nos grupos de direitos humanos, que a essa altura já denunciavam a violência nas incursões policiais na periferia:

— Você nunca ouviu dizer por aí que a bala perdida saiu do marginal. É sempre da PM. Você nunca ouviu dizer por aí que a PM foi recebida com bala ao entrar no morro. Nunca: sempre é a PM atirando.

E defendeu o uso de armamento pela população:

— Essa campanha do governo do estado, "Desarme-se", o senhor acha que isso é besteira?

— Hipocrisia! Se queres a pátria, participe da guerra. Pinochet *(o ditador Augusto Pinochet, acusado por crimes de genocídio, terrorismo e torturas, preso em 1998, em Londres, e libertado por razões médicas que o livraram da condenação)* só tá preso lá porque o Chile não tem bomba atômica. Só por causa disso, mais nada. O cidadão honesto tem que se armar. Eu ando armado. Eu estou armado aqui. Pode me render e me matar, isso é outra história. Mas se derem mole eu vou atirar, e atirar pra matar. Honestos, armem-se! Isso é uma hipocrisia, desarmar, uma grande hipocrisia.

Mas foi quando a conversa retornou ao tema da corrupção que Bolsonaro deixou aflorar seu espírito antidemocrático. Ao interromper comentário do deputado sobre os colegas em Brasília, o entrevistador perguntou:

— Se você fosse, hoje, o presidente da República, você fecharia o Congresso Nacional?

— Não há a menor dúvida. Daria golpe no mesmo dia, no mesmo dia! Não funciona! E tenho certeza de que pelo menos 90% da população iam fazer festa e bater palma, porque não funciona. O Congresso, hoje em dia, não serve pra nada, xará. Só vota o que o presidente quer. Se ele é a pessoa que decide, que manda, que tripudia em cima do Congresso, que dê o golpe, parte logo pra ditadura. Agora, não vai falar de ditadura militar aqui. Só desapareceram 282. A maioria marginais, assaltantes de banco, sequestradores.

Marchesini percebeu a contradição no discurso e rebateu:

— Deputado, o senhor disse que fecharia o Congresso Nacional, que o Congresso Nacional não serve absolutamente para nada. Eu vou fazer uma pergunta que, certamente, a população tá querendo fazer ao senhor: por que o senhor está no Congresso Nacional?

— Eu estou no Congresso por quê? Pra não chegar um mau-caráter no meu lugar. Eles podem confiar em mim. Pode confiar em mim, e o meu voto é de vocês.

Próximo às considerações finais, Bolsonaro deu o tiro de misericórdia na democracia e defendeu uma guerra civil para solucionar os problemas do país:

— O senhor tem esperança no futuro? O senhor imagina, o senhor vê o Brasil num lugar melhor? O senhor acredita nesse país? De que maneira o senhor enxerga o país de todos nós?

— Só com crise, né? Não é com crise que cresce, essa palhaçada que a gente vê na imprensa por aí, que é propaganda paga pelo governo, com dinheiro de você contribuinte, só que uma crise seríssima. Me desculpa, né? Mas através do voto você não vai mudar nada nesse país, tá? Nada, absolutamente, nada! Você só vai mudar, infelizmente, no dia em que partirmos para uma guerra civil aqui dentro, né? E fazendo um trabalho que o regime militar não fez: matando uns 30 mil, começando com o FHC. Não vamos deixar ele pra fora, não, matando! Se vai morrer alguns inocentes, tudo bem. Em tudo quanto é guerra morre inocente. Mas eu fico feliz de morrer, desde que venham outros 30 mil junto comigo. Não eu, marginal, outros marginais, fico feliz. Fora isso, vamos ficar de nhem nhem nhem nhem nhem nhem, e não vamos chegar a lugar nenhum. E a cúpula tá aí, todo mundo viajando pro exterior, com salário líquido de cinco mil por mês... Eu não consigo nem ir para o Paraguai com o meu salário, xará! Não dá, tá ok? O pessoal continua viajando, Ilhas Cayman, aplica aqui, Bolsa, banco etc, e tá tudo muito bem. Não vamos apurar nada, porque não vão chegar na gente mesmo.

— O senhor acha que o exercício da democracia é uma besteira?

— Faliu aqui no Brasil, faliu. A democracia é excelente, mas com democratas honestos.

Os 33 minutos e 34 segundos da entrevista ao "Câmera aberta" repercutiram mais do que Bolsonaro imaginava com toda a veemência de sua franqueza. Na tarde do dia seguinte, o presidente do Senado, Antônio Carlos Magalhães (PFL-BA), defendeu a cassação do mandato do deputado do PPB-RJ. O corregedor-geral da Câmara, deputado Severino Cavalcanti (PPB-PE), e o presidente da Câmara, Michel Temer (PMDB-SP), anunciaram que haviam requisitado à emissora a fita com a gravação do encontro.

Ainda não caíra a ficha do tamanho da encrenca, e o deputado manteve o que disse, após ser avisado do barulho:

— Se fosse o presidente, fecharia o Congresso porque ele não funciona. Está a reboque do Executivo. Só vota o que o Executivo quer. Não é independente.

O corregedor Severino Cavalcanti queria averiguar se Bolsonaro havia se escorado na imunidade parlamentar — de acordo com o Artigo 53 da Constituição, "os deputados são invioláveis por suas opiniões, palavras e votos no exercício das funções do mandato" — ou se ignorara seus limites e defendera o golpe de Estado, o que seria inconstitucional. FHC não comentou, mas seu porta-voz disse que o presidente acreditava que o Legislativo tomaria providências. À noite, o deputado mudou o tom e providenciou uma carta aos presidentes do Senado e da Câmara retratando-se pelas declarações e pedindo perdão pelas exacerbações feitas em "ambiente de radicalização".

O gesto surtiu efeito e, na terça-feira, embora dissesse que o pedido de desculpa de Bolsonaro não o eximia da responsabilidade pelo que disse, Temer já defendia que o deputado sofresse apenas uma advertência com ameaça de suspensão por 30 dias, em caso de reincidência. Essa já era a terceira vez que a Câmara avaliava a possibilidade de cassar o mandato do parlamentar por defender publicamente o fechamento do Congresso, e Temer apenas repetia os ritos anteriores. Era como se os cartões amarelos tivessem sido anulados para a nova legislatura.

Dessa vez, havia como pano de fundo a discussão sobre o fim da imunidade parlamentar, e alguns deputados pressionaram Temer por uma saída menos radical. Receava-se que a punição mais severa abrisse um precedente indesejável. No fim das contas, o relatório do corregedor Severino Cavalcanti aliviou a barra de Bolsonaro, e ele voltaria a repetir que "fuzilaria o presidente" no fim de dezembro. Foi durante um encontro de militares em Brasília, em ato de desagravo ao brigadeiro Walter Werner Bräuer, exonerado do comando da Aeronáutica dias antes, por ter feito críticas ao então ministro da Defesa Élcio Álvares.

Cavalão ferrou os cascos com os processos na Câmara. Protegido pela imunidade parlamentar, voltaria a distribuir coices nos direitos humanos. Um mês depois, em junho de 1999, durante reunião na Comissão de Direitos Humanos, o ex-padre José Antônio Monteiro reafirmou a denúncia de que o então recém-empossado diretor-geral da Polícia Federal, João Batista Campelo, havia comandado as torturas que ele sofrera nos anos 70, ajudando até a colocá-lo no pau de arara entre sessões de espancamentos e humilhações. Bolsonaro fez o seguinte comentário após o depoimento de sete horas do ex-pároco, que detalhava em minúcias os métodos adotados pelos torturadores naquela época, que chocaram, inclusive, os deputados da base governista:

— É nisso que dá torturar e não matar — disparou a um grupo de jornalistas o capitão da reserva, que comandou uma tropa de choque em defesa de Campelo no depoimento de Monteiro.

A fala levou o líder do governo na Câmara, Arthur Virgílio (PSDB-AM), a solicitar ao então presidente da Casa, Michel Temer (PMDB-SP), que encaminhasse à corregedoria novo pedido de punição a Bolsonaro. O pedido, claro, apesar da reincidência do deputado, não daria em nada.

As manifestações em prol do regime militar são corriqueiras nos aniversários do Golpe de 64, quando o deputado costuma postar em suas redes sociais imagens e textos enaltecendo a ditadura e comemorando a data. Nesses textos, defende que o golpe foi uma "intervenção democrática", motivada por "pressão popular", e ataca os movimentos revolucionários, que teriam iniciado os ataques ao regime, a partir de 1968, após aprender táticas de guerrilha na China e em Cuba.

Outro episódio marcante na pregação de Bolsonaro a favor dos anos de chumbo ocorreu em 17 de abril de 2016, quando o deputado federal parabenizou o colega Eduardo Cunha (PMDB-RJ), então presidente da Câmara, pelo modo como conduzira o processo de impeachment da presidenta Dilma Rousseff. O Congresso votava naquele dia a decisão sobre o afastamento de Dilma. Ao declarar seu voto favorável à destituição da presidenta do cargo, dedicou-o a Carlos Alberto Brilhante Ustra. O homenageado, já falecido, era um temido coronel do Exército na época da ditadura, o primeiro militar a ser reconhecido como torturador pela Justiça. Quando o placar indicava 235 votos pelo sim e 82 pelo não, incluindo faltas e abstenções, Bolsonaro assim assinalou o 236º voto a favor do impeachment:

— Nesse dia de glória para o povo brasileiro, tem um nome que entrará para a história nessa data, pela forma como conduziu os trabalhos nessa Casa: parabéns, presidente Eduardo Cunha...

O discurso foi interrompido por apupos da plateia. Bolsonaro pareceu perder o rebolado, mas ganhou tempo, pegou fôlego e continuou, fazendo referência aos que o vaiaram:

— Perderam em 64, perderam agora em 2016. Pela família e pela inocência das crianças em sala de aula, que o PT nunca teve, contra o comunismo, pela nossa liberdade, contra a "Folha de S. Paulo", pela memória do coronel Carlos Alberto Brilhante Ustra, o pavor de Dilma Rousseff...

Novas vaias interromperam o discurso. Eduardo Cunha tentou acelerar o processo:

— Como vota, deputado?

— ... pelo Exército de *(Duque de)* Caxias, pelas nossas Forças Armadas, por um Brasil acima de tudo e por Deus acima de todos, o meu voto é sim!

Dessa vez, Bolsonaro evocara o coronel Carlos Alberto Brilhante Ustra, em sua visão um herói que evitou que o Brasil se tornasse comunista nos anos 70, mas que havia sido identificado pela Justiça de São Paulo, em 2008, como um dos maiores torturadores da história da ditadura militar. Chefiou o temido DOI-Codi de São Paulo, um dos centros de tortura do regime militar mais sanguinários. Ustra foi responsabilizado por cerca de 60 mortes e desaparecimentos em São Paulo, além de ter sido denunciado por outros 500 casos de tortura nas dependências do órgão. Comandou, inclusive, sessões em que a vítima fora a presidenta Dilma Rousseff, de acordo com relatório da Comissão Nacional da Verdade.

No dia seguinte, a Ordem dos Advogados do Brasil no Rio de Janeiro anunciou que entraria com ação no Supremo Tribunal Federal requerendo a cassação e a abertura de processo penal contra o então deputado do PSC-RJ — as representações acabariam sendo protocoladas na Câmara dos Deputados e na Procuradoria-Geral da República, respectivamente. Parlamentares do PSOL disseram que apresentariam uma denúncia ao Ministério Público contra Bolsonaro por apologia ao crime. O discurso provocara reações em diversos setores pelas redes sociais, abaixo-assinados circularam pela internet com grande adesão, mas tudo ficou por isso mesmo. O Ministério Público Federal não foi além das diligências para apurar as circunstâncias das declarações.

A condenação pública não teve maiores consequências, e o deputado continuaria falando o que bem entendesse. Como num encontro com empresários promovido pelo banco BTG Pactual, em fevereiro de 2018, quando propôs como solução para acabar com a guerra entre a polícia e traficantes na Rocinha, na Zona Sul do Rio, mandar um helicóptero despejar milhares de folhetos exigindo a rendição dos bandidos. Se não fosse atendido em seis horas, metralharia a favela.

Mas nem sempre seria assim. Algumas de suas declarações bombásticas renderiam embates nos tribunais, como os ataques à população LGBT.

CAPÍTULO 11
GAYS SEMPRE NA MIRA

Jair Bolsonaro tinha apenas 14 anos quando, no alvorecer do sábado 28 de junho de 1969, um grupo de homens gays iniciou no bar Stonewall Inn, no bairro de Greenwich Village, em Nova Iorque, nos Estados Unidos, um quebra-pau de seis dias com a polícia, detonando uma rebelião que ficaria conhecida como Stonewall Riot (Rebelião de Stonewall) e se tornaria um marco no movimento pelos direitos LGBT no mundo. Na certa, nem soube que protestavam contra as batidas policiais que humilhavam as pessoas em bares gays da cidade. Em plena ditadura militar, o episódio não teve qualquer destaque nos jornais brasileiros.

O movimento só chegaria aqui nas linhas da imprensa alternativa, como as do "Lampião da Esquina" e do "ChanacomChana", já em fins da década de 70 e início dos 80, quando o regime começou a afrouxar os coturnos, preparando terreno para a anistia. Se a repressão militar se atenuava, uma nova onda conservadora ganhava curso com a descoberta da Aids, que estigmatizou ainda mais os gays, vistos como disseminadores de uma doença sem cura. O golpe foi duro, mas serviu, ao mesmo tempo, para estimular uma série de campanhas que ajudaram a combater o preconceito e que resultaram — e vem resultando — em conquistas de direitos civis para a comunidade LGBT.

O garoto da zona rural paulista cresceu atado ao conservadorismo, alheio aos debates que se aprofundavam sobre o tema ano a ano. Até que se transformou numa figura pública e passou a se escudar na tal imunidade parlamentar para manifestar sua repulsa ao assunto da diversidade sexual, não raro destilando preconceito e ódio, o que lhe valeu acusações de homofobia.

Em maio de 2002, na apresentação do novo Plano Nacional de Direitos Humanos, Bolsonaro se opôs a direitos que seriam consagrados a partir do documento, como o casamento gay e a adoção de filhos por homossexuais, além da alteração do nome de transexuais no registro civil.

— Sou radicalmente contra esse negócio de coluna do meio — justificou à época.

O projeto propunha alterações também no Código Penal Militar, entre as quais a extinção de punições diferenciadas entre práticas libidinosas homo e heterossexuais. Pretendia-se abolir do artigo 235 as palavras "pederastia" e "homossexuais". Bolsonaro reagiria apelando aos princípios da família tradicional brasileira:

— Com mais este passo dado em relação à liberalização sexual dentro das Forças Armadas, seria compelido a lutar contra o serviço militar obrigatório. Nenhum pai estaria tranquilo ao saber que seu filho, durante cinco dias de acampamento, foi obrigado a dormir numa minúscula barraca com um recruta homossexual sem poder reclamar, pois, se assim procedesse, seria punido por crime de discriminação sexual! (...) Conta-se que um comandante da Marinha inglesa precocemente pedira transferência para a reserva, e indagado sobre o motivo, já que tinha tudo para uma longa carreira, respondeu: "Quando entrei para a Marinha, o homossexualismo era proibido, agora passou a ser tolerável, vou embora antes que se torne obrigatório".

O presidente Fernando Henrique Cardoso havia tirado uma foto segurando a bandeira gay numa solenidade no Palácio do Planalto, em que defendia e buscava apoio para a aprovação de um projeto da então deputada Marta Suplicy (PT-SP) que legalizava a união civil entre pessoas do mesmo sexo e que já tramitava há seis anos no Congresso. Bolsonaro produziu um pôster com a imagem, acrescentou a frase "Eu já sabia..." e afixou na porta de seu gabinete. Na hora de explicar à "Folha de S. Paulo" a brincadeira, derrapou na intolerância:

— O objetivo é tirar sarro. Não vou combater nem discriminar, mas, se eu vir dois homens se beijando na rua, eu vou bater.

O deputado poderia até alegar que a intenção seria a de manter o tom jocoso. Mas num país recordista mundial em crimes homofóbicos, em que a cada dia pelo menos um LGBT é assassinado ou se mata vítima da "LGBTfobia", a piada é, no mínimo, sem graça. Um assessor parlamentar chegou a escrever ao presidente da República uma carta pedindo que tomasse providências, mas a solicitação não teve consequências.

Num debate na TV Câmara exibido em novembro de 2010 sobre a Lei da Palmada — Lei nº 13.010/2014 que proíbe o uso de castigos físicos ou tratamentos cruéis e degradantes contra crianças e adolescentes no Brasil, aprovada em junho de 2014 —, o deputado voltou a recorrer à defesa da tradicional família brasileira para incitar a violência contra os gays:

— O filho começa a ficar meio assim, meio gayzinho, leva um couro, ele muda o comportamento dele, tá certo? Então, certas coisas... Inclusive já ouvi de alguns aqui, no caminho do meu gabinete até aqui, quando eu falei que vinha gravar esse programa, "Olha, ainda bem que eu levei umas palmadas, meu pai me ensinou a ser homem". A gente precisa agir, tem que ser uma arma que a gente tem na mão...

A sugestão, numa TV pública, de surrar crianças e adolescentes com tendências homossexuais, repercutiu entre defensores dos direitos humanos e dos LGBTs. A Associação Brasileira de Lésbicas, Gays, Bissexuais, Travestis, Transexuais e Intersexos (ABGLT) pediu que ele fosse processado por conduta discriminatória. Alguns deputados tentaram afastá-lo da Comissão de Direitos Humanos.

A presidente da comissão, Iriny Lopes (PT-ES), chegou a anunciar que alguma providência seria tomada antes do fim do ano legislativo. Um requerimento para analisar uma punição foi aprovado em 1º de dezembro, mas, embora a maioria tenha reprovado a atitude do parlamentar, os deputados se manifestaram contrários à aplicação de punição. Bolsonaro não só escapou da expulsão como manteve as declarações na reunião:

— Não retiro nem uma palavra do que eu disse.

Começando seu sexto mandato, o deputado voltou a causar polêmica ao desfraldar a bandeira antidireitos para os gays no programa "Custe o que custar", o "CQC", exibido pela Band na segunda-feira 28 de março de 2011. Indagado sobre o que faria se tivesse um filho gay, respondeu:

— Nem passa pela minha cabeça! Se tiver uma boa educação, com um pai presente, então eu não corro esse risco.

As declarações provocaram revolta. Em 18 de abril, o Tribunal de Justiça do Rio de Janeiro (TJ-RJ) distribuía um processo movido em ação conjunta pelo Grupo Diversidade Niterói, Grupo Cabo Free de Conscientização Homossexual e Combate à Homofobia, e Grupo Arco-Íris de Conscientização.

Bolsonaro acabaria condenado por danos morais. No primeiro julgamento da ação, em abril de 2015, a juíza Luciana Santos Teixeira, da 6ª Vara Cível do Fórum de Madureira, na Zona Norte do Rio, contestou a alegação da defesa de que o deputado gozava de imunidade parlamentar e fixou na sentença uma indenização de R$ 150 mil ao Fundo de Defesa dos Direitos Difusos, criado pelo Ministério da Justiça:

— Não se pode deliberadamente agredir e humilhar, ignorando-se os princípios da igualdade e isonomia, com base na invocação à liberdade de expressão. Nosso Código Civil expressamente consagra a figura do abuso do direito como ilícito civil (art. 187 do Código Civil), sendo esta claramente a hipótese dos autos. O réu praticou ilícito civil em cristalino abuso ao seu direito de liberdade de expressão. (...) A imunidade parlamentar não se aplica ao caso em tela. Em que pese o réu ter sido identificado no programa televisivo como deputado, suas declarações foram a respeito de seus sentimentos como cidadão, tiveram cunho pessoal, e não institucional — relatou a magistrada no acórdão.

A defesa apelou contra a multa estipulada, argumentando que o valor era elevado e prejudicaria "de forma significativa e irreversível" as finanças pessoais do deputado federal, mas a 6ª Câmara Cível do TJ-RJ confirmaria, por três votos a dois, a condenação do parlamentar em segunda instância, em novembro de 2017. Até maio de 2018, o deputado ainda não havia entrado com novo recurso no Superior Tribunal de Justiça (STJ), em Brasília.

Ainda em 2011, um mês depois da entrevista ao "CQC", o episódio voltaria à tona. Bolsonaro enfrentava mais um processo na Corregedoria por causa das declarações no programa e, durante audiência pública da Comissão de Direitos Humanos e Minorias, em que os convidados eram o indiano Salil Shetty — secretário-geral da Anistia Internacional, que falaria dos planos de abrir um escritório no Brasil — e o então Ministro da Justiça, José Eduardo Cardozo — que debateria o sistema prisional brasileiro —, o clima esquentou entre o deputado e os colegas Jean Wyllys e Manuela D'Ávila, que presidia a comissão.

Após a fala de Shetty, Wyllys comentou que, além de haver um hiato no Brasil em relação à defesa dos direitos humanos, quando se pensava na violência contra índios e favelados, como citara o humanista indiano, o problema era ainda mais grave ao se incluir a violência contra a população LGBT.

Assim que tomou a palavra, como penúltimo inscrito, Bolsonaro fez críticas à Comissão Nacional da Verdade — que seria sancionada pelo governo em novembro, para investigar violações de direitos humanos cometidas entre 18 de setembro de 1946 e 5 de outubro de 1988 — e, por fim, criticou o material didático que o Ministério da Educação havia elaborado para ser distribuído nas escolas, com conteúdo dedicado à diversidade sexual, que o deputado apelidara de "kit gay":

— Senhora presidente, os pais com quem tenho conversado, nenhum tem orgulho de dizer que tem um filho gay, ou que, se porventura fosse gay, seria um motivo de festa na sua família. O que está acontecendo, e eu passei para a sua assessoria aqui... eu estou à disposição de V.Exa. Tenho certeza de que V.Exa. não vai perder tempo comigo, não. São duas questões muito graves tratadas nesta Comissão. Uma é a do material didático a ser distribuído nas escolas públicas do 1º grau. E não adianta me chamar de mentiroso, porque estão lá nas notas taquigráficas que o alvo são 190 mil escolas públicas do 1º grau. Então é o 1º grau realmente. São filmetes, que eu chamo de pornográficos, que estimulam o homossexualismo, que escancaram as portas para a pedofilia. Outro fator, senhora presidente, para ser breve, é o Plano Nacional de Promoção da Cidadania LGBT, que V.Exa. deve ter tomado conhecimento. Se não tiver, por favor, aprofunde-se no estudo. Tenho certeza de que V.Exa. vai estar do meu lado. É um plano nacional da vergonha, na verdade. Por quê, senhora presidente? São 180 itens e muitos voltados basicamente para a garotada do 1º grau, como, por exemplo: "Inserir no livro didático a temática das famílias LGBTs". Livro didático! "Inclusão da população LGBT em programas de alfabetização das escolas públicas do país". Não só o homossexual analfabeto dentro das escolas, bem como cota para professor homossexual em escolas de 1º grau. Outro: "Distribuição de livros para bibliotecas escolares com a temática diversidade sexual para o público infantojuvenil". Olha só, senhor ministro, público infantojuvenil — até 10 anos de idade. Cria bolsas de estudo também para homossexuais. E também: "Incluir recomendações sobre diversidade sexual no Programa Nacional do Livro Didático para alfabetização de jovens". Além, senhora presidente, para concluir aqui, de uma "campanha nacional de sexo seguro para adolescentes LGBT". Ou seja, programa para ensinar os garotos, nossos filhos de 14 anos, homens, a terem relação sexual com outro garoto de 14 anos de forma segura. Então, é um plano nacional que eu chamo da vergonha. Desculpe o linguajar, não é pesado, é propício para o ambiente que estamos vivendo aqui. Direitos humanos, segurança pública, ordem, respeito e família passam por uma política completamente diferente do que está escrito aqui e assinado pela ministra Maria do Rosário. E, por outro lado, também feito pelo nosso querido ministro da Educação, com grupos LGBT. Senhora presidente, eu sei, inclusive, que é muito longo, são quatro horas de fitas que já assisti algumas vezes — do dia 23 de novembro do ano passado, aqui — em que há discussões, inclusive do secretário André Lázaro, sobre até onde entrava a língua de uma menina na boca de outra para chegar a um bom termo no filme sobre beijo lésbico, para ser distribuído nas escolas do 1º grau. Uma das pessoas do grupo LGBT, inclusive, levantou e disse mais, senhora presidente: "Eu não sei por que tanta discriminação. As minhas melhores professoras sempre foram as prostitutas". Nós temos aqui um excelente deputado professor. Eu queria saber se também vale para o outro lado: para ser um excelente professor, para que seja professor, que seja um gay? Era só isso, senhora presidente. Eu peço a atenção de V.Exa. para este documento aqui.

O recado no fim da fala era endereçado ao deputado Jean Wyllys, homossexual assumido e ativista LGBT. Manuela D'Ávila advertiu Bolsonaro sobre a provocação:

— Deputado Márcio Marinho. Antes, eu apenas gostaria de registrar que nós não aceitaremos nesta Comissão ofensas a outros membros da Comissão, deputado Jair Bolsonaro. V.Exa. tem capacidade de interpretar as suas próprias falas, assim como todos os membros desta Comissão.

Deu-se, então, um bate-boca entre D'Ávila, Wyllys e Bolsonaro que não foi totalmente captado pelos taquígrafos da Câmara, porque o deputado do Partido Progressista (PP) já não falava ao microfone, mas que é descrito aqui com as falas de Bolsonaro recuperadas pela imprensa:

Bolsonaro: — Estou sofrendo preconceito heterossexual!

D'Ávila: — Deputado Márcio Marinho, por gentileza.

Bolsonaro: — (Intervenção fora do microfone. Inaudível.)

D'Ávila: — Não, não tenho. É que enquanto... V.Exa. é do Exército. Enquanto eu for a presidente desta Comissão, o Regimento está do meu lado para definir os termos de funcionamento da nossa Comissão. Por favor, deputado Márcio Marinho....

Wyllys: — Presidente, quero fazer um adendo, aqui: eu sou homossexual assumido, deputado, e me senti profundamente ofendido pelas suas falas.

Bolsonaro: — (Intervenção fora do microfone. Ininteligível.)

Wyllys: — Profundamente ofendido.

Bolsonaro: — O problema é seu. Eu não teria orgulho de ter um filho como você.

D'Ávila: — Não é problema dele porque nós estamos na Comissão de Direitos Humanos...

Bolsonaro: — (Intervenção fora do microfone. Ininteligível.)

D'Ávila: — V.Exa. sabe...

Bolsonaro: — (Intervenção fora do microfone. Ininteligível. A imprensa indicou que aqui o deputado argumentou que suas críticas a homossexuais não teriam ofendido os integrantes da comissão.)

D'Ávila: — V.Exa. se faz de ingênuo, sabe que tentou ofender o deputado Jean Wyllys e, nesta Comissão, eu, enquanto presidente, heterossexual, mas que defendo o direito das pessoas, não aceitarei provocação e desrespeito. Em nenhum ambiente presidido pela minha pessoa. (Palmas.) Deputado Márcio Marinho, por favor.

Em 5 de maio daquele ano de 2011, uma decisão do Supremo Tribunal Federal assegurou aos casais homossexuais os mesmos direitos dos heterossexuais em união estável, como registro civil em cartório, declaração conjunta do Imposto de Renda, pensão, herança e plano de saúde. Seis dias depois, Bolsonaro se envolveria em outro bate-boca. Dessa vez, com a deputada Marinor Brito (PSOL-PA), durante debate na Comissão de Direitos Humanos do Senado sobre o projeto de lei complementar 122/06, da ex-deputada Iara Bernardi (PT-SP), que, após tramitar por dez anos, fora aprovado na Câmara em 2006 e criminaliza atos de homofobia.

A relatora do projeto, a então senadora Marta Suplicy (PT-SP) pretendia aprovar seu parecer a tempo das comemorações do Dia Nacional de Combate à Homofobia, em 17 de maio, mas a sessão terminou em tumulto. A estridente e belicosa tropa de choque da bancada evangélica, comandada pelos senadores Magno Malta (PR-ES) e Marcelo Crivella (PRB-RJ) e os deputados Anthony Garotinho (PR-RJ) e Jair Bolsonaro (PP-RJ) — agraciada com uma emenda que garantia aos religiosos o direito de se manifestar contra a união de pessoas do mesmo sexo, desde que dentro de seus templos e não incitassem à violência —, compareceu em bloco. Os representantes do grupo foram munidos de panfletos e acusavam o governo de estimular alunos do ensino fundamental a se tornarem homossexuais.

Marinor protestou quando Bolsonaro e outros evangélicos tentaram aparecer de papagaios de pirata empunhando o panfleto, enquanto Marta Suplicy dava entrevistas. E tentou arrancá-lo das mãos do grupo:

— Tira isso daqui! Respeita! — gritou para um deles.

Bolsonaro provocou:

— Bata no meu!

— Bato, sim! Vai me bater? Vai me bater? Vai me bater? Depois dizem que não tem homofóbico aqui! Tu devias ir para a cadeia! Criminoso! Respeita! Isso está sendo feito com dinheiro público! Homofobia com dinheiro público! Homofóbico, homofóbico! Esse projeto é para criminalizar pessoas como tu, rapaz! Homofóbico! Homofóbico!

— Perdeu a linha, perdeu a linha...

No mesmo dia, Marinor entrou com uma representação na Corregedoria do Senado, acusando o deputado de falta de decoro e pediu que o caso fosse encaminhado à Câmara. Bolsonaro comentaria o episódio, em entrevista, com novos ataques à senadora:

— Ela perdeu a razão. Eu não falei nada. Ela deu uma porrada em mim, porque eu estava com um panfleto na mão, divulgando uma cartilha do governo, que prega o homossexualismo nas escolas de 1º grau. Material pornográfico nas escolas de 1º grau, com filmetes e inserções em livros didáticos de todas as configurações de gays, lésbicas e transexuais para a molecada a partir de 6 anos de idade. Ela perdeu a linha. Assim como tem gente com o papel na boca *(em referência a adesivo que manifestantes a favor do projeto usavam para denunciar a tentativa de calarem sua voz)*, eu tô aqui com o meu, quietinho, nem encostei nela. Ela bateu em mim. Ela me agrediu. E eu sou o homofóbico? Ela é heterofóbica. Não pode ver um heterossexual na frente dela, que alopra. Já que está difícil ter macho por aí, eu estou me apresentando como macho, e ela aloprou. Não pode ver um heterossexual na frente. Ela deu azar duas vezes: uma, que sou casado; e outra, que ela não me interessa. Ela é muito ruim, não me interessa.

Elaborado pela Secretaria de Educação Continuada, Alfabetização, Diversidade e Inclusão do Ministério da Educação, o kit anti-homofobia constava de um caderno, seis boletins, três vídeos e uma carta de apresentação para os professores de 6 mil escolas públicas de ensino médio. Os vídeos custaram R$ 3 milhões ao ministério, e as historinhas "Encontrando Bianca", sobre uma transexual; "Probabilidade", sobre relações bissexuais; e "Torpedo", sobre a paixão de duas adolescentes, acabariam ficando inéditas à maioria dos estudantes. Com a confusão, o conteúdo foi julgado impróprio e de mau gosto pela área de Comunicação do ministério, e a presidenta Dilma Rousseff proibiu sua distribuição, após uma reunião com evangélicos.

Cerca de um mês depois, o Conselho de Ética da Câmara abriu o processo por quebra de decoro. Bolsonaro era acusado pelo PSOL de ofensas a Marinor e também pelas declarações ao programa "CQC" — neste último caso, outras representações já aguardavam parecer da Corregedoria. Pelas novas regras do Código de Ética da Câmara, as punições poderiam ser mais brandas do que a cassação e ficar apenas na censura, verbal ou escrita, suspensão temporária de prerrogativas regimentais ou suspensão do exercício do mandato por até seis meses. Duas semanas depois, o Conselho já negava, por dez votos a sete, a abertura de processo contra o deputado. Em 13 de julho, a ação seria arquivada, por sete votos a cinco.

As polêmicas levaram Bolsonaro novamente a ganhar espaço na mídia. Em entrevista à revista "Playboy" de junho daquele mesmo ano de 2011, que trazia na capa a vencedora do "BBB 11", Maria Melilo, o deputado voltaria a se manifestar de forma preconceituosa sobre a temática gay:

— Por que o direito dos homossexuais o incomoda tanto?

— O que me incomoda não é o homossexual maior de idade. Não me incomoda em nada se ele sai do serviço e vai para o motel com um companheiro. Entrei nessa briga no dia 23 de novembro depois de uma reunião conjunta das comissões de Direitos Humanos e de Educação. Tinha um grupo de homossexuais lá confraternizando no lançamento de um material com filmes, cartazes e livros para serem distribuídos nas escolas de 1º grau. Conforme bem disse o senhor André Lázaro, secretário de Educação Continuada: "Nosso alvo são as 190 mil escolas públicas do Brasil". Esse número bate com o das escolas de 1º grau. O problema é o público. Se aqueles filmes passam para nós, você, barbado, eu, de cabeça branca, nem vou ver essa porcaria. Eu vejo isso com muita seriedade. Não é uma coisa que a gente pode levar na brincadeira.

— Dizem que a sua obsessão com os homossexuais pode ser sinal de desejo reprimido...

— Domingo fiz uma caminhada no Rio, distribuímos esse panfleto que eu chamo de "kit gay" *(panfleto contra o PL 122 produzido pelo deputado)*. Aí, um cara falou: "Deputado, procura um analista, sai do armário". Eu respondi: "Me dá o telefone do seu analista. Não vai dar por quê? Tem medo que eu roube sua namorada?". Se você está contra, é porque está no armário, reprimido; se você está quieto, você dá valor. Não tem escapatória.

— Quer dizer, você não vai sair do armário? *(risos)*

— O pessoal costuma dizer que meu armário é de aço, é blindado. Não tenho esse problema, graças a Deus.

— Quanto custou e quem pagou o panfleto que o senhor distribuiu?

— Custaram R$ 5.400 *(R$ 7.899,63 em valores atualizados pelo IGP-M da FGV de maio de 2018)*. O jornal "Correio Braziliense" disse que a Câmara me deu sinal verde para usar a minha verba para pagar os panfletos. Estamos aguardando.

— Então o senhor vai usar dinheiro público para pagar esses panfletos?

— Não é dinheiro público! É minha verba! Tudo o que é meu é público. A gasolina que boto no meu carro é pública. De vez em quando eu almoço com nota fiscal. E meu almoço dá em média R$ 20 *(R$ 29,26)*, ok?

— O senhor já foi hostilizado na rua depois do episódio do "CQC"?

— Já ouvi: "Tem que morrer, tem que tá preso". Ou "É bicha". O cara fala e passa batido. O pessoal me diverte. Mas não vou levar desaforo pra casa. Se o cara vier com ignorância, vou também. Mas estou com 56 anos. Não posso enfrentar um boiolão bombado de 30. Posso apanhar eventualmente, se tiver alguém mais exaltado. Mas os caras também me respeitam.

— O senhor já foi a um analista?

— Pra tratar desse assunto, não. *(risos)*

— Para tratar de qualquer assunto?

— Não. No quartel, quando um soldado tinha qualquer problema nessa área, eu tinha um cassetete de um metro e meio de altura escrito "psicólogo". Eu mostrava aquilo pra ele, e rapidamente os problemas dele estavam resolvidos. Não chegava a dar porrada, não. Não acredito em psicólogo. Sou retrógrado, neandertal, o que você quiser, mas não acredito.

— O senhor acha que o homossexualismo nasce com a pessoa?

— Uma minoria, sim. Outra é levada pelo meio. É igual à pessoa que começa a consumir drogas. Naquele vale-tudo pode acontecer um relacionamento homossexual. Não podemos estimular na base. Não discrimino. Já tive homossexual trabalhando aqui sem problema. O problema é o Ministério da Educação, a Secretaria de Direitos Humanos e o Ministério da Saúde com propostas para beneficiar os homossexuais, dar superpoderes a eles.

— O senhor classificou de "gracinha" a decisão do Supremo Tribunal Federal de reconhecer a união civil entre pessoas do mesmo sexo. Por quê?

— O Supremo tem que interpretar a lei e fazer cumpri-la. Nesse caso não existe lei nesse sentido. Ele inventou. Ele extrapolou.

— Mas nesse caso está se regulamentando a vida de quem já tem uma relação. Em que incomoda a decisão do STF?

— Aí é uma questão pessoal minha. Por exemplo, moro num condomínio, de repente vai um casal homossexual morar do meu lado. Isso vai desvalorizar a minha casa!

— Um casal homossexual como vizinho desvaloriza a sua casa?

— Sim, desvaloriza! Se eles andarem de mãos dadas, derem beijinho, vai desvalorizar. Porque, se uma pessoa quiser comprar a minha casa e estiver adotando uma criança, vai ver aquilo e sair fora. Ninguém fala porque tem medo de ser tachado de homofóbico, mas é uma realidade. Não sou obrigado a gostar de ninguém. Tenho que respeitar, mas gostar, eu não gosto. Tanto desvaloriza que no PL 122 está que, se você não vender ou alugar uma casa para um homossexual, pode pegar de um a três anos de cadeia. Se não desvalorizasse, isso não estaria lá.

— Opiniões como a do senhor podem estimular o ódio, como nas 250 mortes de homossexuais documentadas pelo Grupo Gay da Bahia no último ano. O senhor se sente responsável por alguma dessas mortes?

— O deputado João Campos (PSDB-GO) já entrou com um pedido de informações junto ao governo da Bahia para saber a maneira, o local e o horário dessas 250 mortes. A maioria foi em local de consumo de drogas, altas horas da madrugada, muitos assassinados pelos próprios colegas. Outros por terem dado "banho" no cafetão. Não tem nada de ódio, eles pegam isso pra vender o produto deles. Tem cara que sente ódio, como tem quem não goste de mim, que sou branquelo de olho azul. Ou não tem?

— Ambos estão errados, o senhor concorda?

— Lógico que estão errados! Ninguém aqui está pregando um comando de caça aos gays. Eu nunca defendi isso.

— Se, por mais que batesse nele, seu filho virasse homossexual, o que o senhor faria?

— Tem certas coisas que digo que é como a morte. Me daria desgosto, me deixaria triste, e acho até que ele mesmo me abandonaria num caso desses. Para mim, é a morte. Digo mais: prefiro que morra num acidente do que apareça com um bigodudo por aí. Para mim, ele vai ter morrido mesmo.

— O senhor seria incapaz de amar um filho homossexual?

— Seria incapaz. Não vou dar uma de hipócrita aqui para fazer média com quem quer que seja. Teria vergonha mesmo. Acho que me abalaria politicamente, atrasaria minha vida. Acredito que homossexualismo vem das amizades, e aí vem droga, vem tanta coisa atrás disso. E um filho meu não precisa se misturar com essa gente, como a Preta Gil, para ser feliz e vencer na vida.

— Mas o que o senhor chama de "essa gente" está em todos os lugares da sociedade...

— Eu não tenho problema nenhum. Se o colega aqui do lado é gay, não estou preocupado com isso e não vou discriminar. Mas filho, não. Por exemplo, o cara vem pedir dinheiro para mim para ajudar os aidéticos. A maioria é por compartilhamento de seringa ou homossexualismo. Não vou ajudar porra nenhuma! Vou ajudar o garoto que é decente!

— O senhor acredita realmente que a Aids é consequência direta do homossexualismo?

— Em grande parte, sim. A questão das mulheres casadas que contraem o vírus, muitas vezes elas pagam pelo marido, que é bissexual e leva pra dentro de casa.

— Não seria melhor falar em preservativo, em proteção?

— O pessoal não usa. Geralmente quem tem não está preocupado com isso. Se preocupa é quem não tem.

— Se o seu filho virar homossexual, o senhor o prefere morto, mas, se ele virar uma pessoa com desvios de caráter, desonesta, o senhor aceitaria?

— O que é aceitar? Enquanto for menor de idade, vou tentar recuperar. Se for maior, vai cumprir o xilindró dele. Comigo, filho bandido vai ter um promotor, não um advogado de defesa. Mas nesse caso a gente vai tratar o garoto, que dá pra tratar. Poucos retornam, mas dá pra tratar.

— Filho estuprador ou ladrão, o senhor tenta mudar?

— Sim, depois que ele pagar, porque eu não vou passar a mão na cabeça.

— Mas homossexual prefere morto?

— Pra mim, se morrer é melhor.

— O senhor associa homossexualismo à pedofilia, que é crime gravíssimo, apenas baseado na sua crença. O senhor realmente acredita nisso?

— Eu acredito. Geralmente, os pedófilos são homossexuais.

— Baseado em quê?

— Baseado no que eu vejo, porra! Quando você fala em dois homens adotarem uma criança, ela vai crescer, com toda certeza, homossexual.

— Isso nada tem a ver com pedofilia.

— Mas é claro que tem tudo a ver. Você vê, por exemplo, ainda que em número reduzidíssimo, padrastos que abusam de enteadas, não tem isso?

— Padrasto não é homossexual. Ele é casado com uma mulher, mãe da menina...

— Tudo bem, mas, se em um relacionamento hétero há essa possibilidade, no homossexual, há muito mais. O menino vai crescer vendo os amigos do casal, que são homossexuais. E, naquele ambiente, está propício a virar homossexual e ser abusado, sim!

— Há mais registros de pedofilia relacionados aos padres da Igreja Católica do que aos homossexuais.

— É uma minoria. Você não pode pegar menos de 1% dos padres que talvez pratiquem isso e tomar pelo todo. Pedofilia na Igreja Católica cabe à Justiça resolver.

— Qual é a relação de consumo de drogas e homossexualismo?

— A droga é o primeiro passo. Sentindo prazeres e ilusões, o sexo com outro homem passa a ser apenas um detalhe.

— Seguindo esse mesmo raciocínio, um uísque também pode levar ao homossexualismo?

— Não, o alcoólatra geralmente toma o seu porre no bar e do bar vai para casa. Ele não fica em locais de consumo de drogas, frequentando as boates gays da vida. O avanço do homossexualismo passa pela pedofilia também, e o consumo de drogas é a porta de entrada. Eu me surpreendo quando vejo Sérgio Cabral ou Tarso Genro em campanha pela liberalização da maconha. O Tarso disse que nunca viu alguém cometer um crime por consumo de maconha. É um fanfarrão! Se você pegar esse pessoal que participou da manifestação gay aqui e fizer uma análise química sobre o consumo de drogas entre eles e um outro grupo do lado de cá, percentualmente lá teria muito mais gente que consome do que o grupo normal.

— Se fizerem um levantamento sobre o consumo de drogas naquele grupo e no Congresso ou no colégio do seu filho, o daquele grupo será maior?

— Sem dúvida.

— Associar homossexualismo a drogas, pedofilia e Aids não é ignorância da sua parte?

— Faço essa associação, sim. Se você pegar o pessoal da Cracolândia, ali ele fuma crack, maconha, cheira cocaína, fuma óxi, e o cara pode ter uma relação, seja com quem for, se porventura ele entrar em ereção...

— Mas pedofilia, deputado, é praticar sexo com crianças.

— Uma parte dos homossexuais se associa a isso. Não vou generalizar, dizer que todo homossexual está atrás de criancinha. Mas acho que, entrando numa determinada fase de degradação, a pedofilia acontece. Uma coisa puxa a outra.

— O senhor já levou cantadas de homens?

— Já, mais de uma vez. Como cadete, eu passava sábado e domingo no Forte de Copacabana para fugir do trote. E era comum sair do Forte para pegar uma praia, e um sujeito conhecido como Bicha Velha fazia "psiu, psiu".

Ele inclusive me chamou pelo nome uma vez: "Ô, Bolsonaro". Eu pensei: "Caramba, esse cara já levantou minha vida!". O governo, inclusive, está com uma proposta de apoio psicológico ao gay idoso. Vão ressuscitar o "Bicha Velha"! Quando ele veio, eu falei: "Companheiro, não é a minha área!".

Os episódios deram fama internacional a Bolsonaro. Ainda em junho de 2011, a metralhadora do capitão giraria no "Jornal de Notícias", de Portugal. O entrevistador Pedro Henrique Fonseca repercutia com o deputado os últimos acontecimentos na Câmara, e o parlamentar associaria a homossexualidade à pedofilia:

— E por que diz que a liberalização do casamento homossexual vai levar à "liberalização da pedofilia"?

— Faço uma relação entre o homossexualismo e a pedofilia porque muitas das crianças que serão adotadas por casais gays vão ser abusadas por esses casais homossexuais.

— Está a dizer que muitas das crianças adotadas por homossexuais vão ser abusadas sexualmente?

— Isso. Muito provavelmente, sim.

Em julho, ainda em meio às discussões do Projeto de Lei 122, Bolsonaro defenderia sua posição contrária à proposta da ex-deputada Iara Bernardi (PT-SP), em entrevista aos leitores da revista "Época", atribuindo aos LGBTs a responsabilidade pelos assassinatos de que eram vítimas:

— Se o Projeto de Lei Complementar 122/06 fosse aprovado, intimidaria os assassinos de homossexuais. Qual seria a ação que o Legislativo deveria tomar para garantir os direitos da população LGBT? (Camilo Oliveira, RJ)

— A maioria dos homossexuais é assassinada por seus respectivos cafetões, em áreas de prostituição e de consumo de drogas, inclusive em horários em que o cidadão de bem já está dormindo. O PLC 122, na prática, criará uma categoria de vítimas privilegiadas, ou seja, com proteção especial em virtude de sua opção sexual. Assassinar um heterossexual é menos grave que matar um homossexual. Hoje, por exemplo, mais de dez esposas/companheiras são assassinadas por dia. O que intimidaria a prática de qualquer crime seria a certeza de punição rápida e justa, sendo a pena cumprida em sua totalidade sem qualquer regalia e com trabalhos, ainda que forçados, que pagassem o sustento do preso.

Em outro trecho controverso, destilaria mais preconceito pela veia homofóbica:

— Se você estivesse precisando de uma transfusão de sangue e o único sangue doado fosse de um homossexual, aceitaria a transfusão? (Matheus Nunes, RJ)

— O risco de ser contaminado com o sangue de homossexual é 17 vezes maior do que com o de heterossexual. Duvido que alguém aceite sangue doado por homossexual sabendo desse risco. Cuidar da minha saúde é diferente de ser preconceituoso.

Os embates naquele ano contabilizaram avanços e recuos. Bolsonaro e os evangélicos conseguiram barrar o "kit gay", mas tinham visto o Conselho Nacional de Justiça aprovar, em maio, o casamento civil entre pessoas do mesmo sexo. Na ocasião, vociferou contra a medida no portal Terra:

— O Judiciário, a exemplo do Supremo, tem avançado sobre a Constituição. Está bem claro na Constituição aqui: a união familiar é um homem e uma mulher. (...) Essas decisões aí só vêm cada vez mais solapar a unidade familiar, os valores familiares: vai jogar tudo isso por terra. (...) Eles *(LGBTs)* não querem igualdade, eles querem privilégios. (...) Se, atrás disso, vem a adoção de criança: uma criança adotada por um casal gay tem 90% de chances de ser gay também. (...) Você acha que eu vou pegar meu filho de 6 anos de idade e deixar ele brincar com outro moleque de 6 anos adotado por um casal gay? Não vou deixar! (...) A lei não vai fazer minha maneira de pensar *(ficar)* diferente. (...) Ninguém, nenhum pai tem orgulho de ter um filho gay. (...) Você já viu baile de debutante de gays? *(dá uma gargalhada)* Você acha que um pai ia financiar um baile de 15 anos para um filho gay? Para dançar: "o meu filho Joãozinho vai dançar com o Pedrinho". Tá de brincadeira, pô! (...) Quando um moleque está sendo extremamente violento — ele cospe na mãe, chuta o vizinho, quebra o vidro não sei do quê —, você dá um pau nele e não vai melhorar o comportamento dele? Por que se *(o filho)* está sendo meio "delicado" demais, também você não muda o comportamento dele? Muda, sim!

Ainda assim, não aceitou a pecha de homofóbico, argumentando que o adjetivo só caberia a quem pratica violência física contra homossexuais:

— Eles me acusam de homofobia, que eu sou homofóbico. Você já ouviu, em algum lugar, eu falar que homossexual tem que morrer? Tem que dar porrada? Eu nunca ouvi falar isso em lugar nenhum.

Em novembro, uma nova tentativa do governo em aprovar a distribuição de material nas escolas para estimular o debate entre os estudantes sobre o tema da diversidade foi duramente criticada pelo deputado, que dessa vez atacou um antigo desafeto, a presidenta Dilma:

— O "kit gay" não foi sepultado ainda! Dilma Rousseff, pare de mentir! Se gosta de homossexual, assuma! Se o teu negócio é o amor com um homossexual, assuma! Mas não deixe que essa covardia entre nas escolas do 1º grau!

A insinuação motivou nova representação contra o deputado no Conselho de Ética da Câmara, também sem maiores consequências. Anos mais tarde, porém, o histórico do parlamentar chamaria atenção de gente dedicada ao combate à homofobia, como o ator e comediante britânico Stephen Fry e a atriz norte-americana Ellen Page, que entrevistaram Bolsonaro. Ambos ficaram chocados com as declarações que ele repetia, sob a proteção da imunidade parlamentar.

Apesar de condenado pela Justiça em abril de 2015, Bolsonaro se envolveu em nova polêmica menos de um mês depois. Numa reunião da Comissão de Relações Exteriores e de Defesa Nacional da Câmara, em 7 de maio de 2015, os deputados Arlindo Chinaglia (PT-SP), Jean Wyllys (PSOL-RJ), Eros Biondini (então PTB-MG), Chico Lopes (PCdoB-CE), Jair Bolsonaro (então PP-RJ), Heráclito Fortes (então PSB-PI) e Cláudio Cajado (PP-BA) debatiam antes da votação o Projeto de Lei 7.787/14, de Roberto de Lucena (então PV-SP), sobre tratados internacionais diplomáticos e comerciais celebrados pelo país, quando o clima azedou entre Wyllys e Bolsonaro.

Arlindo Chinaglia elogiou a cautela do autor do projeto, Roberto Lucena, de incluir uma prerrogativa para que o presidente da República pudesse suspender ou deixar de celebrar acordos diplomáticos e comerciais com países que desrespeitassem tratados sobre direitos humanos assinados pelo Brasil ou que promovessem perseguição religiosa. Jean Wyllys concordou com o colega e ponderou que a questão da perseguição religiosa era mais ampla do que a justificativa apresentada por Lucena no projeto, que citava o caso do Estado Islâmico em relação a cristãos. O deputado do PSOL lembrou que muitos cristãos promoveram também perseguições, inclusive a minorias sexuais.

Antes de pedir vistas do processo, Bolsonaro criticou a política externa do governo petista. Primeiramente, o da presidenta Dilma Rousseff, que havia ameaçado com sanções o governo da Indonésia, por ter executado os brasileiros Marco Archer Cardoso Moreira e Rodrigo Muxfeldt Gularte, acusados de tráfico de drogas no país asiático — "dois marginais", na fala do deputado. Depois, o de Luiz Inácio Lula da Silva, que havia defendido a intenção de o Irã enriquecer urânio acima de 20%, o que permitiria ao país fabricar bombas atômicas. Bolsonaro argumentou que a intenção do Irã era a de varrer Israel do mapa e lembrou, em referência direta a Jean Wyllys, que o país então presidido por Mahmoud Ahmadinejad desrespeitava os direitos humanos, inclusive os das minorias sexuais, que, em sua opinião, estariam sendo manipuladas no Brasil por um "projeto de poder":

— O Lula, há pouco tempo, foi lá defender que o Irã pudesse enriquecer urânio acima de 20%, para fins pacíficos, só pra fazer uma assepsia em Israel, vai, varrer Israel. Onde lá os homossexuais, senhor deputado que tá a minha esquerda aqui, são tratados num guindaste e numa corda. Se enforca de meia dúzia! Eu pensei que fosse agora votar junto com o deputado Jean Wyllys aqui, mas, infelizmente, mais uma vez, não encontramos um ponto de intercessão nossa. Não sei se vai haver um dia, certo? Lá os homossexuais são tratados dessa maneira. Nos países da África, que Lula e Dilma anistiaram dívidas pra que o BNDES pudesse emprestar a fundo perdido, porque não vão pagar, contratos secretos, né? Onde o homossexual lá, o homossexual começa com três anos de cadeia, e aqui os ativistas gays querem que os heterossexuais, eu, comecem com três anos de cadeia. Então isso aqui, me desculpe, Lucena, eu vou pedir vistas aqui pra poder debater melhor até, já que eu tô me especializando na questão homo, até pra abrir a cabeça desse pessoal, que eles estão sendo usados num projeto de poder. Junta as minorias e, depois que chega no poder, os homos vão pro guindaste importado do Irã aqui também. Assim sendo, senhora presidente, depois da palavra do querido, né, eu peço vistas ao processo.

Jean Wyllys digeriu mal as colocações de Bolsonaro e, em meio à contextualização de suas preocupações sobre a "estigmatização" dos povos islâmicos, contra-atacou, mencionando a expressão "vomitando estupidezes", em referência indireta à fala de Bolsonaro:

— Quando eu me referi ao texto do relator em que ele faz referência ao Estado Islâmico, a minha única preocupação é a estigmatização sobre o Islã. O Islã não é o terrorismo motivado pelo fundamentalismo islâmico. Da mesma maneira que os cristãos, a comunidade cristã, não pode ser confundida com os fundamentalistas cristãos. Primeiro ponto. A gente tá falando de violações na Venezuela, ou supostas violações de direitos humanos na Venezuela, ou em outros países, que tiveram experiências concretas do socialismo. Experiências desastrosas que não correspondem ao socialismo. Mas a gente precisa lembrar que nos Estados Unidos há dois milhões de encarcerados e mais de 60% desses dois milhões de encarcerados são afro-americanos e latino-americanos. Há violações de direitos humanos gravíssimas nos Estados Unidos, que são um dos países aqui elogiados como modelo de relações com os direitos humanos. Então, a gente precisa compreender e se informar para não ficar vomitando estupidezes aqui. Inclusive estupidezes em relação ao tratamento de homossexuais no mundo. Os homossexuais têm suas vidas ameaçadas e são condenados a trabalhos forçados em países do Oriente Médio, mas os homossexuais são perseguidos aqui no Brasil. Inclusive, com declarações fascistas, terríveis, que estimulam o ódio e a violência contra os homossexuais aqui dentro do Brasil. No Brasil, morrem homossexuais como moscas, praticamente. São mais de 300 homossexuais mortos por ano. Homossexuais e transexuais motivados por homofobia e transfobia. Há pessoas pregando o estupro coletivo de lésbicas aqui. Páginas na internet ligadas a parlamentares fascistas e também oportunistas. Então a gente tem que complexificar um pouco as nossas colocações aqui pra que, volto a dizer, a gente não vomite estupidezes. Muito obrigado.

Em seguida, Cláudio Cajado comentou que votaria a favor da matéria, mas duvidava que a lei vingasse, argumentando que os atos da presidência em relação à defesa dos direitos humanos seguiriam um viés ideológico, tendo em vista o apoio que o governo brasileiro dava ao venezuelano, que, segundo o deputado, mantinha presos políticos. Wyllys lembrou que havia presos políticos também no Brasil, em referência aos manifestantes detidos pelo governo de Sérgio Cabral nos protestos de 2014, no Rio, e que os Estados Unidos mantinham ativa a prisão militar de Guantánamo, em Cuba. Quando Bolsonaro retomou a palavra, Wyllys disse qualquer coisa não captada pelos microfones da Casa e se encaminhou para sair da sala, tirando o capitão do sério:

— Senhora presidente, eu sou muito sensível aí ao... peraí, que eu não vou descer o debate ao órgão do aparelho excretor... já que ele tá saindo ali...

Jô Moraes (PCdoB-MG) tentou controlar a situação, sem muito êxito:

— Jair Bolsonaro, o senhor...

— Eu posso falar do aparelho excretor, do aparelho digestivo pra defender uma tese minha... O último órgão acabou de sair daqui agora... Então, olha só... O elemento se veste de Che Guevara, o maior exterminador de homossexual, e vem falar de direitos humanos aqui... Que moral tem? Que bagagem cultural tem pra isso? Os presos políticos de Sérgio Cabral? Pelamordedeus! Não vou defender Sérgio Cabral não... Será que aqueles caras que mataram o jornalista Santiago (*o cinegrafista Santiago Andrade, da TV Bandeirantes, morto nos protestos no Rio de Janeiro em fevereiro de 2014, após ser atingido por um morteiro*)? Esses presos? É a Sininho (*a ativista Elisa Quadros Pinto Sanzi*), que tá foragida? Os advogados do PSOL, pra botar em liberdade esse pessoal? Que inclusive, o que eu consegui lá levantar, mas fica difícil a gente comprovar, né, eram bancados pelo PSOL, esse pessoal que matou o jornalista lá, o Santiago... Já que ele voltou aqui... repetindo: não vou descer o debate ao último órgão do aparelho digestivo...

Jô Moraes tentou interceder novamente:

— Deputado, o senhor... Bolsonaro, eu solicito que...

Jean Wyllys tomou a palavra, mas Bolsonaro continuou com as agressões, sem que Jô Moraes conseguisse controlá-lo:

— Eu queria solicitar as notas taquigráficas sobre as acusações ao PSOL pra responsabilizar criminosos difamadores...

— Vai processar sabe quem? Eu não vou falar aqui em respeito aos demais colegas. Tá ok? Então é isso. Um hipócrita, um idiota, um imbecil, ok? Que não sabe o que fala...

— Deputado Jair Bolsonaro, por favor.... — pediu mais uma vez Jô Moraes.

— Você usa papel higiênico pra limpar a boca. Então não fica de palhaçada que vai processar, porque você não vai me intimidar aqui, não vai!!

— Eu quero as notas taquigráficas e os registros...

— Deputado Jair Bolsonaro... — continuou insistindo Jô Moraes, sem sucesso.

— Pode pegar nota taquigráfica, fita, o que você bem entender, ok? Bancaram aqueles baderneiros que levaram a morte lá, a suspeita que existe lá era que o dinheiro era bancado pelo PSOL. Sininho inclusive declarou isso daí. O advogado era próprio do PSOL, daqueles episódios do Rio de Janeiro, inclusive a invasão da prefeitura etc. Senhora presidente, então, já que eu falei aqui do Che Guevara, que o cara se veste de Che Guevara, mas não sabe que ele exterminava os homossexuais, tá certo, então fala pelos cotovelos... E digo mais aqui, deputado Heráclito, vamos supor aqui que se ignore o Artigo 49 da Constituição. A presidente fica à vontade pra suspender ou não a coisa que ela bem entender. Acabou de aprovar um projeto aqui do banco novo, né, onde tem a China sobrando dinheiro. Ou seja, pode-se com esse recurso aqui praticamente, né, banco, financiamento etc, esquecer os Estados Unidos... Eu prefiro os Estados Unidos aqui dentro do que a China, tá ok? O presidente...

Neste momento, Jean Wyllys interrompeu o deputado, cobrando mais agilidade na votação do projeto:

— Vamos continuar com a sessão? Eu peço só o registro das notas taquigráficas e as imagens, por favor. Difamadores contumazes e criminosos têm que ser tratados como tais pela Justiça.

Jô Moraes solicitou, então, que Bolsonaro retomasse a palavra para se pronunciar sobre a retirada do pedido de vistas ao projeto que havia feito anteriormente. O deputado retirou o pedido e registrou o voto em contrário. Mas antes desferiu o último golpe contra Wyllys:

— Vou pedir a retirada, senhora presidente, mas vou deixar bem claro uma coisa: nós não vamos suprimir o último órgão do aparelho excretor aqui, porque tem um deputado aqui que ama esse órgão, ok?

O episódio levou Jean Wyllys a ingressar no Supremo Tribunal Federal, dez dias depois, com uma queixa-crime contra o colega, por injúria e difamação. Segundo ele, após a reunião, Bolsonaro teria ido ao seu encontro repetindo a expressão "cu ambulante". Em abril de 2018, o processo seria arquivado pelo ministro Celso de Mello, seguindo recomendação do procurador-geral da República, Rodrigo Janot, que se amparou na regra de imunidade parlamentar prevista na Constituição Federal.

Menos de um ano depois do episódio na Comissão de Relações Exteriores, os dois se envolveriam em nova confusão. Após proferir seu voto contra o impeachment de Dilma Rousseff, na noite de 17 de abril de 2016, diante da provocação de Bolsonaro, que o chamava de "queima-rosca", "veadinho", "franguinha" e dava tchauzinhos para ele dizendo "tchau, querida", o deputado acertou uma cusparada no rosto do capitão, que ficou sem reação. O caso foi parar no Conselho de Ética, e Wyllys acabou punido com uma censura por escrito.

A querela nos tribunais entre os dois, no entanto, prosseguiria em 2018. Em fevereiro, o capitão reformado ingressou com uma queixa-crime ao STF contra Wyllys, por calúnia e injúria, em processo aos cuidados também de Celso de Mello. Numa entrevista ao jornal "O Povo", de agosto de 2017, Wyllys, sem citar o nome de Bolsonaro, mas fazendo alusão ao apelido "Mito", e ao então partido do colega, o Partido Progressista (PP), referiu-se ao parlamentar como "fascista", "racista", "burro", "corrupto", "ignorante", "desqualificado" e "canalha". Imunidade por imunidade, o combate continua...

CAPÍTULO 12
MULHERES E UM BARRACO FEDERAL

O movimento feminista já estava em sua segunda onda quando dona Olinda pariu Jair Messias Bolsonaro, em 1956. Entretanto, as mulheres viviam sob uma opressão ainda maior do que a dos dias atuais. Naquele ano, o presidente do Egito, Gamal Abdel Nasser, daria os primeiros passos naquilo que se cunhou "feminismo de Estado", ainda que de forma dúbia: permitia o voto ao sexo feminino, mas proibia o ativismo de líderes feministas. Em alguns países europeus, as mulheres sequer tinham direito a voto. Na França, o país revolucionário que propagara ao mundo os ideais de liberdade, igualdade e fraternidade, elas ainda precisavam de permissão dos maridos para trabalhar fora — exigência que só se extinguiria em 1965. A filósofa francesa Simone de Beauvoir fazia a cabeça de uma geração, que queimaria sutiãs na luta contra as desigualdades culturais e políticas e as estruturas de poder sexistas que imperavam e ainda imperam no mundo.

Não se tem notícia de que esses temas entrassem na pauta das resenhas na pracinha de Glicério, no interior paulista. Nem que as glicerenses tivessem promovido a queima simbólica de sutiãs, sapatos de salto alto, espartilhos, cílios postiços, maquiagem e sprays de laquê para denunciar a imposição de padrões de beleza e a exploração comercial das mulheres. Foi exatamente isso que fizeram cerca de 400 ativistas do grupo Women's Liberation Movement, em 7 de setembro de 1968, na 41ª edição do Miss America, em New Jersey, nos EUA — vencido por Debra Dene Barnes, uma simpática universitária do Kansas de olhos azuis, cabelos castanhos claros, 1,79m de altura, 92,5cm de busto, 61cm de cintura e 92cm de quadril, que completara 21 anos na véspera. O episódio ficou conhecido como "Miss America protest" ou "Bra-burning", que numa tradução livre significava "Queima de sutiãs".

A terceira onda do feminismo chegaria com os anos 90 ainda mais avassaladora, com questionamentos para além da perspectiva das mulheres brancas de classe média alta, adotando novas cores, extratos sociais, etnias, nacionalidades, culturas e religiões.

No Brasil, o processo seria mais lento, o que traria consequências até hoje, quando a percepção das mulheres como propriedades de seus maridos, pais ou irmãos, herança do Brasil Colônia, ainda se mantém cristalizada em algumas relações. Somente no Império elas teriam acesso à educação. Foi com os anarquistas imigrantes europeus que as mulheres começaram a se organizar em busca de melhores condições de trabalho nas fábricas têxteis e conquistaram o direito ao voto em 1932.

A partir daí vieram conquistas igualmente importantes, como a pílula nos anos 60; a aprovação do divórcio em 1975; a criação do Conselho Nacional dos Direitos da Mulher nos anos 80 — que alcançaria status ministerial como Secretaria de Política para as Mulheres, em 2003 —; as leis de proteção contra a violência doméstica, como a Lei Maria da Penha, de 2006; e as campanhas por igualdade de direitos e salário.

Diante de tantos avanços, Jair Bolsonaro parece ter sido congelado em meados do século 20 e enxerga a mulher como sexo frágil em pleno século 21. Em abril de 2017, já com vistas a seu projeto de se tornar presidente do Brasil, num encontro no Clube Hebraica, no bairro de Laranjeiras, na Zona Sul do Rio, ao lembrar sua viagem a Israel, mencionou a filha Laura de maneira jocosa para o público presente, que riu da piada, pouco lisonjeira para quem defende a causa feminista:

— Eu tenho cinco filhos, né? Eu fui com três filhos pra lá. Foi uma viagem maravilhosa pra gente ver como os nossos irmãos vivem lá...

Alguém da plateia gritou que ele foi com quatro filhos.

— Eu falei o quê? Eu fui com meus três filhos. Ah, foram quatro! O outro foi também! Foram quatro! Eu tenho um quinto também. O quinto eu dei uma fraquejada. Foram quatro homens, né? A quinta, eu dei uma fraquejada, veio uma mulher. Ela tem 6 anos de idade e foi feita sem aditivos. Acreditem se quiser!

A declaração poderia não passar de um chiste, mas o histórico de Bolsonaro no trato com as mulheres e com os temas que as cercam já justificava, àquela altura, interpretações mais críticas. Treze anos antes, em 11 de novembro de 2003, ele se enredou num entrevero que lhe valeu a pecha de misógino. O deputado e sua colega Maria do Rosário (PT-RS), então relatora da CPI da Exploração Sexual Infantil, concediam, separadamente, uma entrevista para uma equipe da Rede TV sobre a redução da maioridade penal, no salão verde do Congresso Nacional.

O tema tinha voltado à baila com toda a violência do episódio do assassinato brutal do casal de namorados Felipe Caffé, de 19 anos, e Liana Friedenbach, de 16, em São Paulo. Jovens de classe média, os dois acamparam num sítio abandonado no Embu-Guaçu, um município a cerca de 50 quilômetros da capital, próximo a uma área de reserva da Mata Atlântica. Eles foram roubados, sequestrados e, após vários dias de tortura, assassinados. O crime, que chocara o país, havia sido elucidado na véspera, após cinco dias de buscas aos desaparecidos. Roberto Alves Cardoso, o Champinha, de 16 anos, confessara as mortes. A caminho de uma pescaria com um adulto nas redondezas, ele flagrou o casal e decidiu saqueá-lo, dando início à tragédia. Bolsonaro defendia a redução da idade penal, quando foi interrompido por Maria do Rosário:

— O senhor é que promove essas violências...
— Eu que promovo estupros?
— É, o senhor promove, sim...
— Grava aí, grava aí que eu promovo estupro. Grava aí...
— É, o senhor, eu estou vendo isso, sim...
— Grava aí, grava aí, eu sou estuprador...
— Quem defende a violência é o senhor...
— Eu sou estuprador agora...
— É, sim...
— Olha, jamais eu ia estuprar você porque você não merece!
— Olha, eu espero que não...
— Se é esse, se é esse o papo...
— Porque senão, eu lhe dou uma bofetada — avisou Maria do Rosário, aproximando-se do deputado.
— Dá que eu te dou outra, dá que eu te dou outra...

— Mas que barbaridade!

— Dá que eu te dou outra — ameaçou Bolsonaro, a essa altura já com o dedo em riste, empurrando a deputada com o braço esquerdo.

— O senhor tá me empurrando?

— Dá que eu te dou outra...

— O senhor tá me empurrando? O que é isso?!

— Dá que eu te dou outra...

— Olha aqui, seu segurança!

— Tá? Dá que eu te dou outra...

— Mas o que é isso?! Mas o que é isso??!

— Você me chamou de estuprador!

— Desequilibrado! Desequilibrado!

— Você me chamou de estuprador. Você é uma imoral, tá? Vagabunda! — xingou Bolsonaro, encarando a deputada de cima a baixo.

— Mas o que é isso?! Desequilibrado! Sai, desequilibrado!!

— Vagabunda!

— Mas o que é isso? O que é isso? O que é isso aqui? O que é isso aqui?-Desequilibrado! O que é isso aqui, desequilibrado?!

— Aaaaahhh, vai dizer agora que você é uma coitada?

— Mas o que é isso?! Mas o que é isso?! Mas o que é isso?! Mas o que é isso?!

— A sua família é que é de estuprador de menores! A sua família é que é de estuprador de menores!

— Mas o que é isso?! Mas o que é isso?! Mas o que é isso?! Mas o que é isso?!

— Ainda bem que ela gravou tudo ali! Ainda bem que ela gravou tudo ali!

— Mas o que é isso?! Mas o que é isso??! — exasperou-se a deputada e saiu chorando, amparada por assessores.

— Ainda bem que ela gravou tudo ali! Chora agora, chora agora, chora!

No dia seguinte, o líder do PT, Nelson Pellegrino (PT-BA), entrou com mais uma representação contra o deputado do PP na Mesa Diretora da Câmara, pedindo a abertura de um processo disciplinar, que não daria em nada.

Onze anos depois, porém, a história se repetiu. E, se na primeira aconteceu como um episódio isolado, sem grande repercussão, na segunda, haveria consequências mais graves. A terça-feira 9 de dezembro de 2014 não foi um dia feliz para Jair Messias Bolsonaro. Na sessão deliberativa do Senado, a deputada Maria do Rosário pediu a palavra ao deputado Amauri Teixeira (PT-BA), que presidia a mesa, e, da tribuna da Câmara, elogiou os trabalhos da Comissão Nacional da Verdade:

— É uma satisfação me dirigir à Vossa Excelência, a essa Casa, para registrar que, na semana em que nós comemoramos no mundo o Dia Internacional dos Direitos Humanos, também no Brasil teremos uma importante solenidade amanhã, 10 de dezembro, com o relatório final apresentado pela Comissão Nacional da Verdade. O Brasil, ao longo do último período, encontrou seu próprio caminho para registrar a memória, a verdade e o caminho da justiça e, de fato, enfrentar o que foi a vergonha absoluta da ditadura militar, da ditadura civil e militar brasileira. Porque a ditadura teve os seus prepostos, teve homens e mulheres também que se colocaram de joelhos diante dela para servir ao interesse da tortura, da morte, o interesse de fazer o desaparecimento forçado, o sequestro, e, hoje, senhor presidente, eu presto homenagem a todas as mães, a todos os pais, a todas as famílias dos desaparecidos políticos que mantiveram viva a memória daqueles que lutaram pela democracia. Eu homenageio os presidentes do Brasil da democracia, o presidente Fernando Henrique, que criou a comissão sobre mortes e desaparecidos. O presidente Lula, que ampliou... *(nesse momento a fala da deputada é interrompida pela manifestação inaudível de um deputado, e soa a campainha da mesa diretora, tentando controlar os ânimos)* O presidente Lula e a presidenta Dilma, que teve a coragem de implementar no Brasil um movimento político em torno da Comissão da Verdade, que conta com comissões da verdade em todos os estados brasileiros, na OAB, na CNBB, nas principais instituições, nas universidades e, principalmente, comitês, como o Comitê Carlos de Ré, pela memória e verdade. Fazem parte desses que hoje nós homenageamos o presidente João Goulart, que foi cassado, expulso desse país, e faz parte de todos aqueles que têm amor à democracia. Por fim, senhor presidente, eu quero me somar àqueles que se indignam, na sua alma, com as manifestações que não toleram a vida democrática do país, e que vão às ruas com cartazes, são poucos, é verdade, mas deveriam ter a consciência do escárnio que promovem ao estar indo às ruas pedindo a ditadura, pedindo o autoritarismo, pelo *impeachment* agora. Figuras de linguagem desvalidas, colocadas no pior lixo da história. Hoje, senhor presidente, às vésperas do Dia Internacional dos Direitos Humanos, viva a democracia! Viva os lutadores pela paz! Viva os que enfrentaram a ditadura! E viva aqueles que não têm medo! E viva, senhor presidente, as Forças Armadas de hoje, que são parte da democracia, que não são avessas ao estado democrático de direito! Portanto, senhor presidente, pela memória, pela verdade, pela justiça. Em transição para a justiça plena, para que a anistia não seja autoproclamada no Brasil, e que aqueles que torturaram sejam responsabilizados pelos crimes contra a humanidade que praticaram. Obrigada, senhor presidente.

Amauri Teixeira endossou a fala de Rosário antes de passar a palavra a Bolsonaro:

— Quero me somar à fala da senhora. Realmente, o Brasil e a América Latina têm que ser passados a limpo. Crimes clandestinos cometidos pela ditadura são revelados, atualmente, como a Operação Condor, documentos que provam articulação internacional para assassinar lideranças de esquerda pelas ditaduras. Deputado Jair Bolsonaro, o senhor tem três minutos prorrogáveis...

Bolsonaro tomou a palavra, repreendeu Teixeira e notou que Maria do Rosário estava saindo do plenário.

— Um presidente não pode falar isso... Não saia não, Maria do Rosário! Não saia, não! Fica aí! Fica aí, Maria do Rosário! Fica! Há poucos dias, você me chamou de estuprador, no salão verde, e eu falei que não ia estuprar você porque você não merece! Fica aqui pra ouvir! E, senhor presidente, o senhor não pode tomar partido de posição de parlamentares aqui não, tá ok? E, quando eu sair daqui, eu vou ocupar o teu espaço aí! Comissão da Verdade. Vou aproveitar e falar um pouquinho, né, sobre Dia Internacional dos Direitos Humanos. No Brasil, é o dia internacional da vagabundagem! Os direitos humanos no Brasil só defendem bandido, estupradores, marginais, sequestradores e até corruptos! Dia Internacional dos Direitos Humanos no Brasil serve pra isso! Isso está na voz, tá na boca do povo na rua. Maria do Rosário saiu daqui agora correndo! Por que não falou da sua chefe Dilma Rousseff, cujo primeiro marido sequestrou um avião e foi pra Cuba? Participou da execução do major alemão! Do segundo marido, confessou publicamente que expropriava bancos, roubava bancos! Pegava armas em quartéis e assaltava caminhões de carga na Baixada Fluminense! Por que não fala isso? Maria do Rosário, por que não falou sobre sequestro, tortura e execução do prefeito Celso Daniel do PT? Nunca ninguém falou nada sobre isso aqui, tão preocupados com os direitos humanos! Vai catar coquinho! Mentirosa, deslavada e covarde! Eu ouvi ela falando aqui as asneiras dela. E fiquei aqui. Fala do teu governo! O governo mais corrupto da história do Brasil! Dilma Rousseff! Dilma Rousseff deve estar envergonhada, sim, Vossa Excelência, por ter roubado só dois milhões e meio de dólares da casa do Adhemar *(referência ao roubo do cofre da amante de Adhemar de Barros, em 1969, quando a presidenta foi responsável pela troca do dinheiro roubado por integrantes da VAR-Palmares)*. Agora são bilhões da Petrobras. Presidente do Conselho de Administração, ministra das Minas e Energia, chefe da Casa Civil, presidente da República, não sabe de nada! Quantas dezenas e milhares de pessoas morrem por esse dinheiro desviado? Para o seu partido! Para a sua causa! Me dá mais um minuto pelo menos, senhor presidente, o senhor deu mais dois pra Maria do Rosário, mais dois pra ela. Esteve agora na Unasul *(União de Nações Sul-Americanas)* se reunindo com a escória da América Latina! Tratando, entre outras coisas, para abertura do espaço aéreo, para os países aqui da Unasul. Cuba não faz parte, mas tá no bolo! Além de tráfico de drogas, é o tráfico de armas e munições. Já tem 11 mil cubanos aqui. Milhares de haitianos, esse Congresso votou aqui, sem ler, a isenção de visto para iraniano entrar no nosso país. O Jica *(agência governamental independente que coordena Assistência Oficial ao Desenvolvimento em nome do governo do Japão e tem representação no Brasil)* aceitou agora presidiários, terroristas de Guantánamo. Estamos trazendo pra dentro do Brasil o que há de pior no mundo. A escória do mundo pra dentro do Brasil. Cria uma academia internacional de defesa aqui na América Latina pra quê? Pra planificar o ideário esquerdista! Que país é esse? Que tá quebrado! Não é apenas a Petrobras, não! As outras empresas vão sofrer isso lá fora! O Brasil tá quebrado! Vamos partir pra onde? Pra cubanização, como uma forma de salvar o país? Volta de CPMF, nova alíquota de Imposto de Renda, taxação de grandes fortunas, um governo canalha, corrupto, imoral! Ditatorial! Queria também aqui mencionar as questões voltadas para as eleições da Unasul. Descobriu que a urna eletrônica é a garantia de se perpetuar no poder. Governo covarde! Comunista! Imoral! Ladrão!

Amauri Teixeira cortou o microfone de Bolsonaro e deu o toque final à discussão:

— A democracia é boa demais! Permite até que aqueles que são favoráveis à excrescência como a ditadura se pronunciem. Se fosse o inverso, haveria o silêncio dos opositores.

No dia seguinte, Maria do Rosário desabafou para a Rádio Gaúcha:

— Fui agredida como mulher, como parlamentar, como mãe. Chego em casa e tenho que explicar isso para a minha filha. Vou processá-lo criminalmente. Não quero meu nome na voz de alguém que tem uma atitude como esta. Vocês me desculpem, fiquei bastante emocionada. Vou seguir meu trabalho. Não tenho mais condições de seguir a entrevista. Sugiro que as mulheres tenham força e dignidade para seguir esta luta.

O destempero de Bolsonaro no plenário contaminou a entrevista concedida naquela mesma quarta-feira 10 de dezembro ao jornal "Zero Hora", que repercutia o episódio e suas consequências. Na conversa com o repórter Gustavo Foster, o deputado não só justificou seus ataques, como deu mais munição para as feministas o tacharem de misógino.

— Deputado, o que o senhor quis dizer com aquela frase?

— Que eu não sou estuprador.

— Mas por que a deputada Maria do Rosário "não merece" ser estuprada?

— Ela não merece, porque ela é muito ruim, porque ela é muito feia, não faz meu gênero, jamais a estupraria. Eu não sou estuprador, mas, se fosse, não iria estuprar, porque não merece.

— Mas o senhor acha que tem gente que "merece" ser estuprada?

— O estuprador é um psicopata, ele escolhe suas vítimas. Não pega aleatoriamente. Não é a primeira mulher que passa ali numa área de penumbra que ele vai pegar e estuprar. Foi uma resposta, uma ironia naquele momento.

— Em seus discursos e atitudes, o assunto que mais lhe parece caro é a segurança e a ordem. Porém, no discurso de ontem, o senhor trata com ironia um dos mais graves problemas de violência no Brasil. Segundo a Secretaria de Políticas para as Mulheres, uma mulher sofre violência a cada 12 segundos no país. O discurso do senhor não diminui a gravidade desse crime?

— Você está usando a mesma linguagem de quando se fala em homofobia. O projeto 5.398, de 2013, de minha autoria, aumenta a pena para estupro e propõe a castração química para estuprador. Aumento a pena para estupro de vulneráveis, até 14 anos, pedofilia.

— Ok, mas o senhor entende que são duas coisas diferentes? O senhor fala de penalização para quem comete crimes. Eu falo de uma cultura de diminuição da mulher. Não lhe parece que o senhor acaba fazendo com que o estupro se torne um assunto menos problemático do que ele de fato é?

— Concordo, mas quem começou foi ela.

— Mas isso importa?

— Importa, sim. O que eu falei foi ironia.

— Mas estupro é um assunto passível de ironia?

— Lógico que é passível de ironia. Para cima dela... Ora, ela me chamou de estuprador, você queria que eu respondesse como? Ela, como mulher, pode diminuir a questão chamando qualquer um de estuprador? Ela que começou o negócio.

— Mas não era o caso de tratar seriamente o assunto?

— Mas como? Ela é uma desequilibrada!

— Mas o senhor respondeu com equilíbrio naquele momento?

— Ô, companheiro, a minha reação não foi maior que a ação dela. Eu sou homem e não tenho nenhum prazer de ser chamado de estuprador. Tenho filho, tenho família.

— Deputado, esse discurso não trata a mulher como objeto e acaba perpetuando uma cultura de estupro?

— Olha, vou te dizer uma coisa: vou renunciar ao meu mandato, porque já me acusaram de ser responsável por uma porrada de crimes no Brasil, por causa da minha conduta. E eu sou o cara que mais bate nessa questão de segurança. Se eu for começar a pensar em palavras politicamente corretas, vai ficar difícil de conversar. Não sou politicamente correto.

— O senhor é muito criticado pela forma agressiva com que trata seus opositores. O que acha dessas acusações?

— Não é agressiva. Se eu dou uma martelada em você por trás, você vai levantar puto, xingar minha mãe. E eu vou falar que é você que está sendo agressivo. A esquerda é especialista nisso, se vitimizam, igualzinho ao período militar: invertem de réu para vítima. Todo mundo foi preso sob tortura, mas ninguém fala o que fez antes de ser preso. Ninguém fala nada.

É a especialidade deles, e é o que fizeram agora.

— O senhor está sendo processado pelo PT, e a deputada Maria do Rosário disse que vai processá-lo judicialmente.

— Tudo bem. É um direito dela. Pode recorrer à vontade, representação, conselho de ética, corregedoria, Justiça. Não quero me defender, não. Eu estava na tribuna da Câmara debatendo um fato passado.

— O senhor acha que a sua frase configura quebra de decoro?

— Não. Eu recordei um fato passado, nada além disso.

— Mas, deputado, a quebra de decoro se configura por "tratar com desrespeito os colegas". O senhor acha que não aconteceu isso?

— Não, negativo. Tratei com verdade. A verdade tortura esses caras da esquerda. PT, PSOL, PCdoB não podem ouvir a verdade.

— O senhor, como deputado progressista, não tem o papel de trazer a discussão sobre os direitos das mulheres à tona?

— Eu sou liberal. Defendo a propriedade privada. Se você tem um comércio que emprega 30 pessoas, eu não posso obrigá-lo a empregar 15 mulheres. A mulher luta muito por direitos iguais, legal, tudo bem. Mas eu tenho pena do empresário no Brasil, porque é uma desgraça você ser patrão no nosso país, com tantos direitos trabalhistas. Entre um homem e uma mulher jovem, o que o empresário pensa? "Poxa, essa mulher tá com aliança no dedo, daqui a pouco engravida, seis meses de licença-maternidade..." Bonito pra caralho, pra caralho! Quem que vai pagar a conta? O empregador. No final, ele abate no INSS, mas quebrou o ritmo de trabalho. Quando ela voltar, vai ter mais um mês de férias, ou seja, ela trabalhou cinco meses em um ano.

— Mas qual seria a solução?

— Por isso que o cara paga menos para a mulher! É muito fácil eu, que sou empregado, falar que é injusto, que tem que pagar salário igual. Só que o cara que está produzindo, com todos os encargos trabalhistas, perde produtividade. O produto dele vai ser posto mais caro na rua, ele vai ser quebrado pelo cara da esquina. Eu sou um liberal, se eu quero empregar você na minha empresa ganhando R$ 2 mil por mês e a dona Maria ganhando R$ 1,5 mil, se a dona Maria não quiser ganhar isso, que procure outro emprego! O patrão sou eu.

— Mas aí a mulher se ferra porque engravida?

— É liberdade, pô. A mulher competente... Ou você quer dar cota para mulher? Eu não quero ser carrasco das mulheres, mas, pô...

Seis dias depois, em 16 de dezembro, Maria do Rosário ingressaria com duas ações contra o deputado. Na primeira, no Tribunal de Justiça do Distrito Federal, requisitando indenização por dano moral. Na segunda, no Supremo Tribunal Federal, com uma queixa-crime, acusando o parlamentar de crimes contra a honra, injúria e calúnia.

Na véspera, o Ministério Público Federal também ajuizara ação contra Bolsonaro, por considerar que seu discurso da tribuna da Câmara atentara contra a paz pública e fazia apologia de crime. A vice-procuradora-geral da República, Ela Wiecko, considerou que, ao dizer que não estupraria a deputada porque ela não merecia, o deputado fazia crer que "um homem pode estuprar uma mulher que escolha e que ele entenda ser merecedora do estupro". Ao oferecer a denúncia, Wiecko argumentou também que o deputado havia abalado "a sensação coletiva de segurança e tranquilidade, garantida pela ordem jurídica a todas as mulheres, de que não serão vítimas de estupro porque tal prática é coibida pela legislação penal".

Em setembro do ano seguinte, já em 2015, a juíza Tatiana Dias Silva, da 18ª Vara Cível do TJ-DF condenou Bolsonaro a pagar R$ 10 mil de indenização a Maria do Rosário, justificando que a deputada "teve sua honra objetiva flagrantemente atacada, isto é, foi lesada seriamente em seus direitos da personalidade". Rosário comemorou a decisão e anunciou que doaria o dinheiro a instituições que trabalham no combate à violência contra a mulher. Bolsonaro recorreria da decisão, mas teria o pedido negado e arquivado provisoriamente, em segunda instância, em outubro de 2016. Em agosto de 2017, sofreria nova derrota. Dessa vez, no Superior Tribunal de Justiça, que, por unanimidade, manteve a sentença da juíza do TJ-DF.

No julgamento no STJ, a ministra Nancy Andrighi, relatora do caso, contestou a tese da defesa de que Bolsonaro não poderia ser condenado devido à prerrogativa da imunidade parlamentar:

— Em manifestações que não guardam nenhuma relação com a função parlamentar, sem teor minimamente político, afasta-se a relação com a imunidade parlamentar. Considerando que as ofensas foram vinculadas pela imprensa e pela internet, a localização é meramente acidental.

Os outros processos ainda corriam no STF. Em junho de 2016, enfim, o tribunal supremo do país se pronunciou sobre o caso. O relator, o ministro Luiz Fux, recomendava que a Primeira Turma da Corte acatasse as denúncias, por considerar que as declarações de Bolsonaro traduziam um desprezo pelas vítimas de estupro no país, como se tivessem sido violentadas porque mereciam, e lembrava, em sua argumentação, manifestações de apoiadores do deputado viralizadas pelas redes sociais, em que seus seguidores afirmavam que estuprariam a deputada:

— A manifestação teve o potencial de incitar homens a vulnerar a fragilidade de outras mulheres (...) "Se ela merecesse, eu estupraria". É o que está dito em suas palavras implicitamente. Então, deve haver merecimento para ser vítima de estupro. As palavras do parlamentar podem ser interpretadas no sentido de que uma mulher não merece ser estuprada se é feia. Estaria em posição de avaliar quando a mulher mereceria ser estuprada. Atribui às vítimas merecimento do sofrimento que lhe seja infligido.

Advogada de defesa do parlamentar, Lígia Regina de Oliveira Martan invocou a chamada "imunidade parlamentar" e alegou que seu cliente não havia incitado os estupros:

— Ele é conhecido por projetos de lei que tendem a aumentar as penas de crimes e para que condenado por crime sexual deve ser submetido a castração química para obter benefícios. É uma mentira insinuar que o deputado tenha incitado a prática de qualquer crime.

Luiz Roberto Barroso, Edson Fachin e Rosa Weber acompanharam o voto do relator. Marco Aurélio Mello votou contra, ponderando que Bolsonaro era defensor de penas mais severas contra condenados por violência sexual e respondera a uma fala de Rosário, que o chamara de estuprador:

— Precisamos considerar o contexto, que inicialmente se apontou que Bolsonaro seria um estuprador. E ele tão somente se defendeu. Se defendeu estarrecido de ser enquadrado como tal e acrescentou que não a estupraria. (...) O que tivemos aqui foi arroubo de retórica.

Fato é que, por quatro votos a um, o STF entendia que Bolsonaro não só ofendera a honra de Rosário como incitara à prática do estupro. O Supremo decidia acatar as denúncias de Maria do Rosário e do MPF, e abria duas ações penais contra o deputado, a partir de então, réu nos dois processos. Após a deliberação dos ministros, Bolsonaro manteve sua justificativa:

— Vou ser realmente julgado pelo Supremo Tribunal Federal, basicamente, por apologia ao estupro. Foi uma retorsão o que eu falei para ela *(deputada)*, foi um ato reflexo. As desculpas que eu peço é para a sociedade, que foi desinformada sobre a verdade dos fatos.

Maria do Rosário divulgou nota, comemorando a decisão:

— Essa não é apenas uma resposta para a sua ação em si, mas uma importante afirmação de que a lei é para todos, independentemente do cargo ou posição de poder.

Em agosto de 2017, Maria do Rosário foi intimada a depor no processo. Após a fase de depoimentos, Bolsonaro seria interrogado, mas, até meados de 2018, a defesa do parlamentar, reforçada pelo criminalista Antônio Moraes Pitombo, mostrou-se hábil em protelar o andamento da ação, após o ministro Luiz Fux atender ao pedido para que o deputado somente fosse ouvido depois que todas as testemunhas fizessem o mesmo. A estratégia do experiente advogado, que já livrou a cara de caciques da política brasileira no STF, entre eles Moreira Franco, Michel Temer e Eliseu Padilha, seria a de adiar, ao máximo, o depoimento do cliente, que afirma não ter gasto um tostão com sua contratação. Para isso, as testemunhas, que deveriam começar a ser ouvidas a partir de 15 de abril de 2018, teriam sido orientadas a postergar seus depoimentos, alegando as mais diversas desculpas.

A tática de Pitombo provavelmente não se aplica apenas a controlar os movimentos da acusação, mas também os de seu próprio cliente, que já demonstrou inaptidão para advogar em favor de si, como no programa "Super-Pop", comandado pela apresentadora Luciana Gimenez, exibido pela Rede TV! em 16 de fevereiro de 2016, quando ele já havia sido denunciado pela Justiça. Ao ser questionado sobre sua fama de sexista, complicou-se ainda mais ao tentar se explicar diante das câmeras:

— Deputado, é verdade que o senhor disse que mulher tem que ganhar menos porque engravida?

— Olha, eu fui entrevistado pelo jornal "Zero Hora". O assunto era por que mulher ganha menos do que homem. E eu estudei o assunto. Fui em pesquisas. Conversei com alguns empresários. Empregador. O que acontece? A mulher, por ter um direito trabalhista a mais — no caso, a licença-gestante —, o empregador prefere contratar homem. O empregador — não é o Jair Bolsonaro —, muitas vezes, prefere, ao ser mulher, dar o emprego ganhando menos. Isso é que está na cabeça do empregador. E o jornalista botou na minha conta isso aí.

— Entendi. Então, você acha certo ou errado isso?

— Olha, no serviço público, você não tem distinção. Se nós fizermos um concurso para sermos sargentos do Exército, a gente vai ganhar a mesma coisa. Pra sermos aqui médicos de um hospital qualquer federal, a mesma coisa. Agora, na questão privada, nós não temos como interferir. Fica no livre-arbítrio do empregador.

— Eu perguntei o que você acha...

— Eu não empregaria com o mesmo salário. Ah, mas tem muita mulher que é competente. Eu acho que essa igualdade...

— Nossa!! Tem muita mulher que é competente??

— Que é mais competente do que homem...

— Fala com seu pai aqui, fala! — pediu Luciana, chamando Eduardo Bolsonaro a interceder:

— No meu gabinete, tem mulher ganhando mais que homem. A gente tem que privilegiar não o órgão sexual e, sim, a competência. Foi isso que ele quis dizer — tentou corrigir o filho do capitão, que acompanhava a entrevista da plateia.

— Brigada! Olha o que você falou, Bolsonaro! Você é ogro! Olha o que você fala!

— Não quer dizer que a mulher seja mais incompetente. Não tem nada a ver. Tem muita mulher que é muito mais competente do que homem e ganha mais do que homem também. É uma questão de ...

— Eu vou botar seu filho pra te defender. Ele é mais bonito e mais sábio...

— Isso aí eu não vou discutir contigo. Você acabou de elogiar uma boa obra minha...

— Vai, deixei você passar nessa...

No "tribunal" do "SuperPop", o deputado escapou, mas resguardadas todas as diferenças, o fato é que qualquer depoimento de Bolsonaro pode se tornar um tiro no pé do capitão. Se condenado pelo STF, no entanto, ele não perde a elegibilidade, porque os crimes a que responde não estão no rol dos previstos pela Lei da Ficha Limpa. Uma eventual condenação traria apenas prejuízos políticos.

CAPÍTULO 13
ÍNDIOS E NEGROS TAMBÉM NO ALVO

Quando Jair Messias Bolsonaro entrou no ginásio em Eldorado Paulista, o Brasil ampliava sua rede escolar, por meio da implementação parcial da Lei de Diretrizes e Bases da Educação Nacional, de 1961. Mais crianças como Bolsonaro tinham acesso ao ensino público, mas o país vivia também um golpe nos bancos escolares. Durante o regime militar, a escolha dos livros didáticos era alvo de pressões e interferências sobre que história deveria ser ensinada. A partir do Decreto-Lei nº 869, de 12 de setembro de 1969, implantou-se a disciplina Educação Moral e Cívica, obrigatória em todos os níveis de ensino. A catequese militar apregoava que o que ocorrera em 1964 fora uma revolução, e não um golpe de Estado. Essa versão seria disseminada até o fim da ditadura pelo conteúdo distribuído pela Fundação Nacional do Material Escolar, criada em 1967, e também pelos colégios particulares.

Os livros de história tratavam negros e índios de maneira exótica, sem contextualizar, dimensionar e reconhecer sua contribuição para a formação do Brasil ou a construção da identidade do brasileiro. Muito menos refletiam sobre a exploração pelo homem branco, que levaria à formação de uma sociedade extremamente desigualitária, excludente e preconceituosa como é a nossa até os dias de hoje. Os negros eram apresentados como submissos e os índios, como preguiçosos. O processo de escravização, de parte a parte, parecia ter se dado naturalmente, sem que os escravizados oferecessem resistência. Não havia Zumbi nem Tiaraju. Nenhuma palavra sobre os quilombos ou a Guerra Guaranítica. A desvalorização desses povos na história do Brasil talvez explique a aversão de Bolsonaro aos movimentos negros e indígenas.

Em 2004, numa discussão na Comissão de Relações Exteriores e Defesa Nacional, no Congresso, sobre a demarcação da reserva indígena Raposa Serra do Sol, em Roraima, após a fala do relator Lindbergh Farias (PT/RJ) pedindo o adiamento da votação de seu parecer, que propunha a exclusão de 12 mil hectares de terras griladas por arrozeiros, Bolsonaro criticou a CPI da Fundação Nacional do Índio (Funai) e provocou indignação no plenário em sua argumentação, considerada discriminatória por índios, ativistas de direitos humanos e alguns parlamentares.

— Senhor presidente *(em referência ao deputado Moacir Micheletto, do PMDB-PR, que comandava a mesa)*, lembro que na Comissão de Defesa Nacional, há alguns anos, presente o então ministro do Exército, Zenildo Lucena, e o da Justiça, Nelson Jobim, fui ridicularizado, por uma preocupação minha, a mesma que estão tendo neste momento. Na época, apresentei projeto de decreto legislativo, com urgência regimental, e fui fragorosamente derrotado. É lógico, com os ministros do Exército e da Justiça contra, não poderia ser diferente. Já andei muito pela Amazônia, em função do Projeto Calha Norte. Em alguns momentos, estou de bem com as Forças Armadas; em outros, não. Até participaria de uma viagem por esses dias, mas, tendo em vista a questão salarial dos militares, achei melhor não ir. Em contato com pilotos de helicópteros da Força Aérea Brasileira, deputado Lindbergh, me falaram mais de uma vez: "Bolsonaro, quantas vezes pilotamos avião da Força Aérea Brasileira levando elementos da Funai para cumprir missão? Descíamos em certas clareiras de garimpo e éramos proibidos de ir com o pessoal da Funai, que ia encontrar com não sei quem, com certeza, garimpeiros. Eles voltavam felizes da vida. Usavam nossos helicópteros para outras missões. Temos certeza absoluta de que eles iam pegar a sua partilha de diamante ou de ouro". A Funai é um órgão podre. A CPI, deputado Lindbergh, se sair, o que acho difícil, tem de ir além da Funai. Vai chegar a traidores da pátria travestidos de parlamentares que estão, na verdade, vendendo nosso país. Não consigo entender como o MST, com toda a força e o dinheiro que tem, falando a nossa língua, não consegue terras. O índio, sem falar a nossa língua, fedorento — é o mínimo que posso falar —, na maioria das vezes, vem para cá, sem qualquer noção de educação, fazer lobby. O índio é usado, nada mais é do que massa de manobra nessas questões da Funai, que está vendendo o nosso país. Como é que ele consegue 12% do território nacional, e só em terra rica? Ninguém vai brigar pelo índio lá de Parati, deputado Lindbergh, que foi eleito pelo Rio de Janeiro. São pouquíssimos hectares para centenas deles. Nesse caso da Região Amazônica, a mais rica do país, a área tem a metade do tamanho do Rio de Janeiro. São aproximadamente dez mil índios para a imensidão da reserva ianomâmi. Está na cara que existem interesses escusos de traidores que defendem o índio visando seus próprios interesses, não os dos indígenas. O índio é o escudo. É o que o traficante faz, que usa a população inocente como escudo para defender seus negócios. Nesse caso, muitos estão usando o índio como escudo. As investigações têm que ir além da Funai, para pegar muita gente graúda e acabar, se Deus quiser, com essa farsa que é a Funai e com falsos defensores de índios. Muitas vezes, não têm coragem de defender a própria mãe, são lobos em pele de cordeiro.

— Deputado Jair Bolsonaro, na condição de relator, devo dizer que discordo frontalmente da opinião de Vossa Excelência, principalmente quando ataca de maneira preconceituosa, racista, os índios.

— Eles não usam desodorante. Isso foi o que quis dizer, deputado Lindbergh.

— Aqui sempre buscamos, preocupados com a questão nacional, compatibilizar a defesa dos direitos indígenas com essa preocupação que temos. Por isso somos mal compreendidos. Queremos deixar claro que reconhecemos os direitos da população indígena, a dívida que o país tem com ela. Quando reclamei da advogada Joênia, do CIR, disse claramente que são 12,5% de terras demarcadas. Não pode o Congresso norte-americano vir nos pressionar. É preciso que fique claro que o Brasil tem uma dívida histórica com os povos indígenas, temos que resolver essa dívida histórica. Queremos garantir, e em algumas discussões eu falava isso muito abertamente, uma saída política. Dessa forma, poderíamos homologar com mais rapidez isso tudo.

— Deputado Lindbergh Farias, vou retificar minhas palavras. Senhor presidente, talvez eu tenha me emocionado. Fique claro que a minha referência aos índios não tem nada de discriminatório. Já servi em unidades do Exército brasileiro com índios, que se incorporaram ao Exército, no Mato Grosso do Sul. Peço desculpas se porventura tenha me excedido quando falei sobre a questão do cheiro. Eles não usam desodorante, pois não têm nossos hábitos, não falam nossa língua, não sabem o que é viajar de avião, e são usados. Alguém está fazendo lobby. O pessoal que aqui se encontra está sendo manipulado, em detrimento de seus próprios colegas que estão lá sofrendo e precisam de nosso apoio. Se depender de nós ou da grande maioria desta comissão, eles terão nosso apoio.

Em maio de 2008, em nova audiência pública sobre a reserva em Roraima, o deputado teve um bate-boca com o então ministro da Justiça, Tarso Genro. Dias antes, os arrozeiros haviam atacado indígenas, e o ministro os acusara de "terroristas". Bolsonaro chamou o ministro de "mentiroso e terrorista" e disse que Genro "sabe bem o que é terrorismo, pois ele teve que fugir durante a ditadura militar para o Uruguai. (...) Boa coisa ele não deve ter feito". Escapou de levar uma flechada de um representante da tribo Sateré-Mawé, que tomou as dores do ministro. Irritado com as declarações do deputado, que se opunha à demarcação das terras, o índio Ga'p Wasay ("Vespa", na língua nativa), que atende pelo nome civil de Jecinaldo Barbosa Cabral e liderava à época a Coordenação das Organizações Indígenas da Amazônia Brasileira, jogou um copo d'água nas costas do deputado:

— Joguei água porque não tinha uma flecha!

Bolsonaro desdenhou do ataque:

— É um índio que está a soldo aqui em Brasília, veio de avião, vai agora comer uma costelinha de porco, tomar um chope, provavelmente um uísque, e quem sabe telefonar para alguém para a sua noite ser mais agradável. Esse é o índio que vem falar aqui de reserva indígena. Ele devia ir comer um capim ali fora para manter as suas origens...

As minorias indígenas não são as únicas a reclamar dos rompantes do deputado. Numa entrevista ao quadro "O povo quer saber" do programa "CQC", exibida em 28 de março de 2011, ele arrumaria uma confusão daquelas com o movimento negro. Na atração, o entrevistado tinha que responder a perguntas feitas por gente comum, recrutada na rua. O deputado devolvia as provocações de bate-pronto:

— Quem é o seu guru na política?

— Os militares que foram presidentes de nosso país.

— O que você acha da Dilma?

— Pelo passado dela, sequestros, roubos, por mim, não seria jamais presidente da República.

— Você daria uns beijos nela?

— Hahahaha... Um beijo pra quem se apaixona, né?, por amor... Jamais!

— Está com saudades do Lula?

— De jeito nenhum. Eu tenho saudade de pessoas sérias. Como Médici. Como Geisel, Figueiredo...

— Bolsonaro, do que você tem mais saudade na ditadura?

— Do respeito, da família, da segurança, da ordem pública. E das autoridades que exercem autoridade sem enriquecer.

— Já que o senhor gosta da ditadura, por que não muda pra Cuba?

— Eu detesto Cuba e, por mim, logicamente, não existiria o regime que temos em Cuba atualmente.

— O senhor é a favor que o Brasil tenha bomba atômica?

— Olha, só é respeitado quem tem o poder de intimidar. Se o Irã pode ter, segundo o Lula, nós até poderíamos marchar para isso.

— O senhor continua achando que o FHC deveria ser fuzilado?

— Foi uma força de expressão na época, né? Mas, realmente, no tocante à privatização, em especial da Vale do Rio Doce, ele se comportou como um traidor da pátria.

— O senhor acha que militar ganha pouco por quê? Militar não trabalha...

— Não trabalha? Você tá no calçadão de Copacabana. Os militares estão no Morro do Alemão.

— Alô, deputado! Você é briguento assim em casa? Como a sua mulher te aguenta?

— Ela, quando começou a namorar comigo, ficou preocupada. Mas, logo depois, viu que, realmente, eu sou uma pessoa excepcional dentro de casa. Sem problema nenhum, sem violência...

— O que você faria se pegasse seu filho fumando unzinho?

— Eu daria umas porradas nele! Pode ter certeza disso!

— Torturaria ele?

— Agir com energia é torturar? Então vai ser torturado!

— O que você faria se tivesse um filho gay?

— Isso nem passa pela minha cabeça. Se tiver uma boa educação, com um pai presente, então eu não corro esse risco.

— No Exército tinha muita viadagem?

— No nosso meio, o percentual é muito pequeno, mas são tolerados e respeitados. Logicamente, aquele que quer aparecer tem o tratamento devido, de acordo com a legislação militar.

— Para o senhor, qual o homem mais bonito do Brasil?

— Eu não acho homem bonito. Os homens pra mim são todos iguais.

— Se te convidarem para sair no desfile gay, você iria?

— Eu não iria, porque eu não participo de promover os maus costumes. Até porque acredito em Deus, tenho uma família, e a família tem que ser preservada a qualquer custo, senão uma nação simplesmente ruirá.

— Por que o senhor é contra as cotas raciais?

— Por que todos nós somos iguais perante a lei. Eu não entraria num avião pilotado por um cotista nem aceitaria ser operado por um médico cotista.

— Quantos chefes negros você já teve?

— Eu nem conto! Não dou bola pra isso!

Até que veio a última pergunta, que em vez de ser feita por um anônimo, partiu de Preta Gil, uma celebridade no ativismo político de negros e LGBTs. Bolsonaro deixou o instinto irascível falar mais alto e errou feio na mão, destilando seu preconceito.

— Se o seu filho se apaixonasse por uma negra, o que você faria?

— Ô, Preta, eu não vou discutir promiscuidade com quem quer que seja. Eu não corro esse risco, e meus filhos foram muito bem-educados. E não viveram em ambientes como, lamentavelmente, é o teu.

A declaração bombástica provocou muita polêmica e mereceu um contra-ataque imediato no dia seguinte. A cantora anunciou que ingressaria com uma representação no Ministério Público acusando o deputado de homofobia e preconceito racial. A Ordem dos Advogados do Brasil divulgou que pediria a cassação de Bolsonaro por quebra de decoro parlamentar. O Movimento Nacional pelos Direitos Humanos defendeu uma punição para o capitão reformado. A organização não governamental Actionaid, também. O grupo Tortura Nunca Mais publicou uma nota de repúdio. A Associação Brasileira de Gays, Lésbicas e Transexuais reclamou uma investigação criminal.

A Unesco foi pelo mesmo caminho. Em nota, o Conselho Nacional de

Combate à Discriminação e Promoção dos Direitos de Lésbicas, Gays, Bissexuais, Travestis e Transexuais (CNCD/LGBT) disse que "Bolsonaro reforça a sua faceta homofóbica, racista e sexista, agindo, de forma deliberada, com posturas incompatíveis com o decoro e a ética exigida de um representante da sociedade brasileira no Congresso Nacional". A ministra-chefe da Secretaria Especial de Políticas de Promoção da Igualdade Racial, Luiza Bairros, considerou a entrevista um "caso explícito de racismo". A Fundação Palmares manifestou indignação com o episódio. A Comissão de Direitos Humanos da Câmara disse que investigaria o caso.

Nas redes sociais, surgiram páginas de protesto, que logo atraíram dezenas de milhares de seguidores e ganharam vida fora do ambiente virtual. Um ato ocupou a Praça do Ciclista, na Avenida Paulista, em São Paulo, onde manifestantes pintaram uma caricatura do rosto do deputado associando-o a Hitler. Neonazistas, por sua vez, prestaram solidariedade a Bolsonaro numa concentração diante do Museu de Arte de São Paulo, o Masp.

O parlamentar se defendeu dizendo que houve um "mal-entendido", achou que a pergunta era sobre um eventual relacionamento de seu filho com um gay. Zero Dois e Zero Três, Carlos e Eduardo, saíram em defesa do pai pelas redes sociais, acusando o programa de ter manipulado a entrevista. Usaram em seus argumentos que o próprio Marcelo Tas havia dito que preferia acreditar que o capitão reformado não entendera a pergunta feita por Preta Gil.

Na edição seguinte do "CQC," Tas afirmou que quem manipulara as informações foram os Bolsonaros. Após afirmar o orgulho que tinha da filha, Luiza, assumidamente gay e que na época estudava Direito na American University e era estagiária da Organização dos Estados Americanos (OEA), em Washington, o apresentador respondeu às acusações do clã (alguns anos mais tarde, Luiza se descobriria transexual e passaria a se chamar Luc).

— O senhor disse que este programa pode ter manipulado a questão. Não ficou muito claro pro senhor, mas nós vamos deixar muito claro, agora, se o senhor entendeu ou não entendeu, como está alegando. Primeiro, eu quero mostrar pra vocês o seguinte: como é feito o quadro "O povo quer saber". A gente leva um computador. A pessoa vê quem está fazendo a pergunta e, pra dar um exemplo a vocês, eu vou mostrar onde foi gravada a entrevista com o deputado Bolsonaro, num hotel no Rio de Janeiro. Vocês vão ver que é um salão, silencioso, só tem nossa equipe e ele, vou mostrar o material bruto da pergunta, por exemplo, sobre cotas raciais. Vamos ver....

Entra a imagem de Bolsonaro sentado num típico salão de hotel para reuniões, com cadeiras, telão e cavalete para bloco de papel ao fundo.

— Bolsonaro, por que o senhor é contra as cotas raciais?

— Eu sou contra porque todos nós somos iguais perante a lei. O acesso ao ensino do terceiro grau, de acordo com a própria Constituição, é pelo mérito. Eu não entraria num avião pilotado por um cotista. E nem aceitaria ser operado por um médico cotista. Eu quero um médico competente e um piloto que realmente decole e pouse com segurança.

As imagens voltam para Marcelo Tas, comandando o programa da bancada:

— Segunda e última prova que nós temos para mostrar para vocês. O deputado Bolsonaro fala que talvez ele queira crer que não entendeu a pergunta da Preta Gil. Aliás, eu disse aqui no programa, e foi muito manipulado pelo deputado Bolsonaro, eu falei "eu quero acreditar que ele não tenha entendido a pergunta". Quando eu falei isso, eu queria acreditar como uma esperança na alma deste homem, que ele tivesse se enganado, mas não que ele não tivesse ouvido a pergunta. Vocês vão ver agora como a Preta faz a pergunta, como claramente a pergunta foi colocada para o deputado, que não teve nenhuma dúvida de responder o que ele respondeu. Olha isso...

Bolsonaro ressurge na tela no mesmo salão. Ouve-se o aviso da produção numa voz em off para o deputado: "Preta Gil". O capitão solta um risinho antes de ouvir a pergunta:

— Deputado Jair, se seu filho se apaixonasse por uma negra, o que você faria?

— Ô, Preta, eu não vou discutir promiscuidade com quem quer que seja, né? Eu não corro esse risco, e meus filhos foram muito bem-educados. E não viveram em ambientes como, lamentavelmente, é o teu.

Não fosse pela inclusão da referência ao deputado na pergunta de Preta Gil ao parlamentar ou pelo acréscimo da interjeição "né" na resposta do deputado, a gravação bruta corresponderia *ipsis litteris* à que foi exibida no programa. Ainda assim, o processo movido pelo Ministério Público Federal, baseado em denúncia de racismo, seria arquivado em 25 de maio de 2015, com a vitória de Bolsonaro no STF: requerida pelo procurador-geral da República, Rodrigo Janot, a fita com o conteúdo bruto da entrevista exibido pelo "CQC" havia sido destruída pela produção do programa da Rede Bandeirantes e, portanto, não existia no momento do julgamento uma prova material que fundamentasse sua condenação. A emissora encaminhara apenas a cópia da gravação editada, informando que "não mantém em arquivo a mídia não editada das matérias veiculadas, tendo em vista que, após a edição e veiculação da matéria, a fita é reutilizada".

Na decisão do STF, o relator ministro Luís Barroso cita que o próprio Rodrigo Janot solicita o arquivamento do processo por três razões: "(i) atipicidade da conduta em razão da imunidade material do parlamentar; (ii) ausência de elementos aptos a caracterizar o crime de racismo e; (iii) indícios de crime contra a honra subjetiva da entrevistadora e ausência de representação da ofendida a viabilizar a ação penal privada (fls.184/186)".

Em abril de 2017, o capitão da reserva forneceria mais munição para novo processo. Em março, ele havia sido convidado para dar uma palestra no Clube Hebraica de São Paulo, mas o evento fora cancelado por pressão de parte da comunidade judaica paulistana, que fez um abaixo-assinado com mais de 2.600 assinaturas. O presidente do clube no Rio, Luiz Mairovitch, fez um novo convite, que provocou indignação, mas não impediu que o encontro se realizasse, apesar do protesto de cerca de 150 pessoas na porta do clube, em Laranjeiras, Zona Sul do Rio.

Diante do teatro lotado, para 330 pessoas, no sétimo andar da sede, Bolsonaro discorria sobre um de seus assuntos prediletos: a riqueza mineral do solo brasileiro e a existência de reservas indígenas que impedem sua exploração. Com o auxílio de um mapa metalogenético produzido em 1973 e exibido num telão em power point, o deputado dizia que a área mais rica do mundo, maior do que a região Sudeste, está demarcada como terra indígena. Depois, mostrou o mapa do Brasil com as reservas indígenas em destaque. Foi aí que derrapou no preconceito novamente. Não com os indígenas, propriamente, mas com os negros:

— Aqui são apenas as reservas indígenas no Brasil, né? Onde tem uma reserva indígena, tem uma riqueza embaixo dela. Temos que mudar isso daí. Mas nós não temos hoje em dia mais autonomia para mudar isso daí. Entregou-se tanto a nossa nação, que chegamos a esse ponto. Aí dá pra mudar o nosso país. Isso aqui é só reserva indígena. Tá faltando quilombolas, que é outra brincadeira! Eu fui num quilombola em Eldorado Paulista. Olha, o afrodescendente mais leve lá pesava sete arrobas! *(risos)* Não fazem nada! Eu acho que nem pra procriadores servem mais! *(risos)* Mais de um bilhão de reais por ano gastado com eles! Recebem cesta básica e mais material, implementos agrícolas. Você vai em Eldorado Paulista, você compra arame farpado, você compra enxada, pá, picareta, por metade do preço vendido em outra cidade vizinha! Por quê? Eles revendem tudo baratinho lá. Não querem nada com nada! (...) Se eu chegar lá, não vai ter dinheiro pra ONG. Eles que lutem. Vão ter que trabalhar. Se eu chegar lá, no que depender de mim, todo cidadão vai ter uma arma de fogo dentro de casa. *(aplausos)* Não vai ter um centímetro demarcado pra reserva indígena ou pra quilombola!

Diante da polêmica que se criou, no dia seguinte a Confederação Israelita do Brasil (Conib) emitiu uma nota em defesa das minorias atingidas pelas declarações do deputado: "A palestra de Jair Bolsonaro na Hebraica do Rio de Janeiro nesta segunda-feira, 3 de abril, provocou, como se esperava, divisão e confusão na comunidade judaica. A Conib apoia o debate político e acha que ele é sempre necessário. Ainda mais neste momento de desdobramentos dramáticos da política nacional. Defendemos, porém, que esse debate tenha critérios e seja pautado, sempre, pelo equilíbrio e pela pluralidade. Nossa comunidade abriga uma grande diversidade de pensamento, e os dirigentes comunitários precisam ter isso claro para bem cumprirem seu papel. A comunidade judaica defende, de forma intransigente, os valores da democracia e da tolerância e o respeito absoluto a todas as minorias".

Três dias depois, a Coordenação Nacional de Articulação das Comunidades Negras Rurais Quilombolas (Conaq) e 11 parlamentares — os senadores Humberto Costa (PT-PE), Gleisi Hoffmann (PT-PR) e Paulo Rocha (PT-PA), além dos deputados federais Vicentinho Paulo da Silva (PT-SP), Paulo Fernando dos Santos (PT-AL), Wadih Damous (PT-RJ), Erika Kokay (PT-DF), Benedita da Silva (PT-RJ), Maria do Rosário (PT-RS), Carlos Zarattini (PT-SP) e Jandira Feghali (PCdoB-RJ) — entraram com duas representações no Ministério Público Federal solicitando abertura de inquérito contra o deputado federal do PSC-RJ, sob a acusação de ter cometido crime de racismo.

A Conaq justificava o pedido afirmando que Bolsonaro "compara um integrante de comunidade quilombola a um animal que tem sua massa corporal medida através de arrobas" e ressaltava que "durante mais de três séculos e meio, pessoas negras foram legalmente comercializadas como escravas no Brasil, comercializadas inclusive em função da massa corporal que ostentavam".

A ação civil pública ajuizada pelo MPF foi distribuída em 10 de abril de 2017 na 26ª Vara Federal do Rio de Janeiro. O Ministério Público sustentava que o réu havia proferido "diversas frases 'de conteúdo intensamente racista, misógino e xenófobo' contra as comunidades quilombolas e a população negra em geral", não apenas com o intuito de expressar opinião política, "mas de ofender os povos quilombolas, além de outras minorias, ultrapassando os limites da razoabilidade, gerando, desta forma, a necessidade de, com caráter reparatório e punitivo, condenar o réu ao pagamento de danos morais coletivos". Os procuradores Ana Padilha Luciano de Oliveira e Renato de Freitas Souza Machado pediam uma indenização de R$ 300 mil, a serem pagos à Fundação Palmares ou ao Fundo Federal de Defesa dos Direitos Difusos.

A defesa alegou que o réu fora convidado pela Hebraica como deputado federal e, por isso, gozava de "imunidade parlamentar, sendo inviolável, civil e penalmente, por qualquer de suas opiniões". Acrescentou também que Bolsonaro "não tem preconceito com relação à raça, aos imigrantes, ao público LGBT, aos índios, mulheres, em nada do que está sendo acusado nessa demanda" e que "em todas as opiniões colacionadas pelo demandante, como ofensivas aos grupos em questão, notoriamente palestrou se utilizando de piadas e bom humor, não podendo ser responsabilizado pelo tom jocoso de suas palavras".

Em 25 de setembro de 2017, a juíza Frana Elizabeth Mendes proferiu a sentença. Segundo a magistrada, "os atos praticados por parlamentar em local distinto do Parlamento escapam à proteção da imunidade quando as manifestações não guardem pertinência, por um nexo de causalidade, com o desempenho das funções do mandato". E passou um sermão em Bolsonaro: "Ao alcançarem a tal almejada eleição ou nomeação, deveriam agir como representantes de Poder, albergando os anseios gerais da coletividade e, mesmo que suas escolhas pessoais recaiam em interpretações mais restritivas ou específicas, jamais devem agir de modo ofensivo, desrespeitoso ou, sequer, jocoso.

Política não é piada, não é brincadeira. Deve ser tratada e conduzida de forma séria e respeitosa por qualquer exercente de Poder". A juíza bateu o martelo acatando parcialmente a denúncia do MPF e estipulou a multa em R$ 50 mil, a serem destinados ao fundo. Bolsonaro recorre da decisão.

A outra representação suscitada pelo episódio na Hebraica e recebida pelo Ministério Público Federal foi parar nas mãos da procuradora-geral da República, Raquel Dodge, que entrou com processo no Supremo Tribunal Federal na sexta-feira 13 de abril de 2018. Não foi um dia de sorte para o parlamentar. E não houve ferradura que livrasse Cavalão de ser denunciado por crime de racismo. Na acusação formal apresentada ao STF, Dodge enquadra o deputado na lei do crime racial, solicita a condenação do réu e o pagamento de R$ 400 mil por danos morais coletivos.

Havia uma discussão sobre a possibilidade de uma eventual condenação tirar o deputado do páreo da corrida presidencial. Os crimes de racismo e de incitação ao estupro não estão incluídos na Lei da Ficha Limpa, mas o Artigo 15º da Constituição diz que uma "condenação criminal transitada em julgado, enquanto durarem seus efeitos" cassa os direitos políticos do réu. Mas talvez a sorte tenha virado a favor de Bolsonaro: o sorteio no STF determinou que o relator do caso seria o ministro Marco Aurélio de Mello, o único que votara contra a abertura do processo que Maria do Rosário move contra o deputado no tribunal supremo do país.

CAPÍTULO 14
QUESTÃO DE ÉTICA

Tal como qualquer político que se preze — ou não —, o deputado federal Jair Bolsonaro se apresenta como um paladino da ética e da moralidade. Nem podia ser diferente. Mas, como acontece com boa parte de seus colegas, o que ele entende por ética e moralidade pode variar bastante, dependendo da situação, em relação ao que preconiza o senso comum.

Em abril de 2016, por exemplo, quando a imprensa noticiou que Renato Antônio Bolsonaro, seu irmão, havia sido exonerado da Assembleia Legislativa de São Paulo, após o SBT revelar numa reportagem que Renato Antônio era funcionário fantasma do deputado André do Prado (PR-SP), Bolsonaro protestou como guardião da Justiça, à base do custe o que custar, do doa a quem doer, mesmo com a ferida aberta na carne de alguém do próprio sangue:

— Pau nele! Pau nele! Pra deixar de ser otário! Se meu irmão praticar algum crime, fizer alguma besteira, é problema dele. Não vai ter meu apoio. Ele que se exploda! — disse o capitão à emissora, sobre o caso do irmão, que recebia R$ 17 mil mensais como assessor especial do deputado paulista, mas trabalhava mesmo era no comércio de móveis em Miracatu, interior de São Paulo, cidade onde tentara se eleger prefeito em 2012, na carona da popularidade de Jair Bolsonaro.

Na polêmica palestra à Hebraica no Rio de Janeiro, um ano depois, Cavalão inflamou-se ao atacar o aparelhamento do estado pelo Partido dos Trabalhadores:

— A ineficiência e a corrupção vêm da indicação política. Se é pra fazer a mesma coisa, tô fora. Se um idiota num debate comigo, caso esteja lá, falar sobre misogenia, homofobia, racismo, baitolismo *(elencou, empregando um sotaque afeminado ao anunciar a lista, e arrancando gargalhadas)*, eu não vou responder sobre isso. Eu quero falar de como nós podemos tirar o Brasil da miséria. E sabe por quê? Até porque eu não tenho nada a ver com homossexual! Vai ser feliz! *(irritado)* Se o bigodudo quer dormir com o careca, vai ser feliz! *(irritadíssimo)*

A plateia no clube israelita voltou a rir e aplaudir, mas talvez não tivesse agido do mesmo modo se lembrasse do episódio em que Bolsonaro foi flagrado povoando de parentes seu gabinete em Brasília, nos idos de 1999. Uma reportagem da "Folha de S. Paulo", publicada em 15 de agosto daquele ano, revelou que o então deputado do PPB-RJ empregava o sogro, José Cândido Procópio, e a cunhada Andréa de Assis, enquanto sua mulher, Ana Cristina Siqueira Valle, estava lotada no gabinete do deputado Odelmo Leão, líder do partido ao qual o capitão era filiado.

Na época, de acordo com o Ato 72/97 da Câmara dos Deputados, os funcionários deveriam trabalhar "exclusivamente nos gabinetes parlamentares, em Brasília, ou em suas projeções, nos estados". Como Bolsonaro se elegera pelo Rio, e José Cândido e Andréa viviam em Juiz de Fora (MG), a dupla havia sido contratada de forma irregular para receber, respectivamente, salários de R$ 2.300 e R$ 3 mil reais (o equivalente em maio de 2018 a R$ 9.469,37 e R$ 12.351,36, corrigidos pelo IGP-M da FGV). Ana Cristina ganhava R$ 3.600 (R$ 14.821,63) no gabinete de Odelmo Leão.

Bolsonaro justificou as nomeações alegando que o sogro e a cunhada iam ao Rio toda semana e se defendeu da acusação de praticar nepotismo com um argumento inusitado:

— Eu estou me divorciando da minha primeira mulher. A Ana Cristina é minha companheira. Não somos casados. Portanto, não são meus parentes.

Anos mais tarde, em outra polêmica sobre o mesmo tema, voltaria a recorrer à excepcionalidade das relações informais para justificar suas posições. Numa reunião da Comissão de Constituição e Justiça em 13 de abril de 2005 — em que se discutia a proposta de emenda constitucional que proibia o nepotismo na administração pública — acusou o PT de lhe ter oferecido, em 2003, uma indicação para administrar o Santos Dumont, no Rio de Janeiro, em troca de apoio na votação da reforma da Previdência. Disse que, se aceitasse, poderia empregar a família no aeroporto, o que provava a "hipocrisia e a demagogia" do Partido dos Trabalhadores ao defender a medida:

— Não quero blindagem para chegar no Rio e dizer que votei contra o nepotismo. Isso é demagogia. Recebi oferta do governo para indicar o administrador do Aeroporto Santos Dumont e, em troca, votar a favor da PEC 40 (Reforma da Previdência). Só a cantina do Aeroporto fatura R$ 300 mil brutos por mês, o que dá uns R$ 200 mil líquidos. Ou seja, eu poderia tirar a minha mãe, que tem 86 anos e trabalha no meu gabinete, e colocá-la para administrar essa cantina, o que seria um salário bem maior do que o da Câmara — cutucou o deputado

Acrescentou ainda que havia contratado sua companheira, Ana Cristina Valle, porque tratava-se de "uma pessoa competente" e que, se era para proibir os parlamentares de contratar parentes, deveriam incluir também suas amantes:

— E as amantes vão ficar fora dessa relação? Todo mundo sabe que tem amantes de pessoas do Executivo trabalhando aqui. Se é para moralizar, não pode empregar em lugar nenhum. Mas como se vai provar que dona Maria é minha amante? É foto em motel, é beijo na boca? Não me casei com uma jumenta! Quem é casado com jumenta é que pode defender o fim do nepotismo. Chega de hipocrisia!

Na ocasião, Bolsonaro lembrou ainda o caso de seu primogênito, Eduardo, que trabalhou na liderança do PTB entre 2003 e 2004, quando o deputado estava filiado ao partido:

— Já tive um filho empregado nesta Casa e não nego isso. É um garoto que atualmente está concluindo a Federal do Rio de Janeiro, uma faculdade, fala inglês fluentemente, é um excelente garoto. Agora, se ele fosse um imbecil, logicamente estaria preocupado com o nepotismo.

Menos de dois anos depois, o assunto voltaria a lhe tirar do sério. Nova reportagem da "Folha de S. Paulo" batia forte na questão: "Deputados dão emprego a 68 parentes por R$ 3,6 milhões ao ano". Publicada em 4 de março de 2007, a matéria citava Bolsonaro na lista dos parlamentares que empregavam a parentada na Câmara: André Luís Procópio Siqueira Valle e Henriqueta Guimarães Siqueira Valle, parentes de Ana Cristina Valle, que ainda era sua mulher.

— Vocês só fazem matéria para foder a gente. Não quer saber se é competente, se não é. Só quer saber se é parente. Se é parente, é filho da puta! E esculacha o nome do parlamentar (...) Pode escrever isso aí!

Dezoito anos depois da primeira matéria da "Folha de S. Paulo", uma reportagem do jornal "O Globo", publicada em 3 de dezembro de 2017, revelava que Ana Cristina e José Cândido já não estavam mais vinculados aos gabinetes da família, mas Andréa assessorava o deputado estadual Flávio Bolsonaro. Sem dar expediente na Assembleia Legislativa do Rio, onde ninguém a conhecia, em tese, ela trabalhava em Resende, no Sul Fluminense, um dos redutos eleitorais de Bolsonaro.

Após a publicação de uma súmula do Supremo Tribunal Federal, em 29 de agosto de 2008, normatizando a contratação de parentes para o trabalho legislativo, a chamada Lei do Nepotismo, os casos já não podiam ser tratados como nepotismo, e o grau de parentesco entre Andréa e Flávio Bolsonaro não era proibitivo para o exercício do cargo no gabinete do deputado.

O histórico de Andréa pelos gabinetes, no entanto, era antigo. Ela foi nomeada assessora na Câmara por Bolsonaro após o nascimento do sobrinho Jair Renan, em 1998, e permaneceu no gabinete do cunhado até novembro de 2006. Uma semana após a publicação da súmula antinepotismo do STF, em 2008, foi para o gabinete de Flávio Bolsonaro, onde recebia R$ 6,5 mil líquidos em setembro de 2017. No mesmo dia da nomeação, o pai, José Cândido, foi exonerado do gabinete do deputado estadual onde estava desde 2003. Antes, trabalhara para o genro entre novembro de 1998 e abril de 2000.

Ana Cristina, por sua vez, foi lotada no mandato de Carlos Bolsonaro — o primeiro do clã a entrar para a política depois do pai — até 2006, quando se separou de Jair Bolsonaro. Anteriormente, dera expediente no gabinete do deputado Mendonça Neto (PDT-AL), entre abril e agosto de 1992; na liderança do PDC, partido a que Bolsonaro pertencia no primeiro mandato, entre dezembro de 1992 e julho de 1993; foi secretária parlamentar no gabinete do deputado Jonival Lucas (PDC e depois PSD-BA), entre agosto de 1993 e maio de 1994; trabalhou na Casa Civil e no Ministério da Integração Regional a partir de 1995; e retornou à Câmara no fim de 1998, quando Jair Renan ainda não havia completado 1 ano de vida, para trabalhar na liderança do PPB, legenda pela qual Bolsonaro se reelegera. Seu pai e sua irmã foram nomeados para o gabinete de Jair Bolsonaro menos de dez dias e dois meses antes, respectivamente. Atualmente, Ana Cristina chefia o gabinete do vereador Renan Marassi (PPS) na Câmara Municipal de Resende.

Na época da reportagem de "O Globo", Jair Bolsonaro encaminhou ao jornal uma nota com suas explicações:

"1. Mantive, do final de 1997 até o início de 2007, união estável com a senhora Ana Cristina Siqueira Valle, que já havia exercido atividades de assessoramento a dois parlamentares e Comissões da Câmara dos Deputados, ressaltando que nunca foi comissionada em meu gabinete;

2. Considerando a experiência adquirida no exercício de atividades anteriormente desempenhadas em assessoramento a parlamentares, aliado ao fato de sua formação escolar, sendo atualmente advogada, sugeri o nome da senhora Ana Cristina para assessorar o vereador Carlos Bolsonaro, em seu primeiro mandato, tendo sido demitida há cerca de dez anos.

3. O senhor José Procópio e a senhora Andréa Valle estiveram algum tempo comissionados em meu gabinete, exercendo funções de assessoramento parlamentar no Estado do Rio de Janeiro. Posteriormente o senhor José Procópio foi comissionado no gabinete do deputado Flávio Bolsonaro, exercendo funções de assessoramento parlamentar. A senhora Andréa Valle foi demitida em 2006, e o senhor José Procópio, em 2008.

4. Até o ano de 2008, antes da edição da súmula vinculante nº 13, do STF, não havia vedação de comissionar parentes em cargos temporários e indiquei, para gabinetes no Estado do Rio de Janeiro, onde residiam, alguns parentes da senhora Ana Cristina para exercício de funções relacionadas a assessoramento de atividades parlamentares, sendo que, após esse período, não houve mais nomeação de parentes até o terceiro grau em meu gabinete.

5. Recebi em meu gabinete, no corrente ano, o vereador Renan Marassi, de Resende-RJ, que acompanhava o prefeito daquela cidade, assim como recebi centenas de outros prefeitos e vereadores, não só neste, mas também em outros anos, que no interesse de seus municípios buscam recursos orçamentários via emendas de parlamentares e desde 2005, com frequência, destaco recursos para aquele município, independente do partido político a que pertença seu chefe do Executivo.

6. Não fiz indicação do nome da senhora Ana Cristina e de nenhum outro a qualquer político visando nomeação para cargo de confiança."

No dia seguinte, o jornal ainda publicaria uma segunda reportagem sobre o assunto, noticiando que Bolsonaro nomeara sua atual mulher, Michelle de Paula Firmo Reinaldo Bolsonaro, em 18 de setembro de 2007, quando os dois já mantinham um relacionamento afetivo, e só a exonerara em 3 de novembro de 2008, com data retroativa a 31 de outubro, 63 dias após o STF publicar a súmula vinculante, proibindo as contratações de parentes até terceiro grau. Antes, Michelle trabalhara na liderança do PP, entre junho e setembro de 2007, e nos gabinetes de Vanderlei Assis (PP-SP) e Dr. Ubiali (PSB-SP), entre 2006 e 2007.

O nepotismo não foi o único desvio ético a ser apontado contra o deputado. Em 2017, o pré-candidato à Presidência da República foi denunciado por se utilizar das verbas de sua cota parlamentar para custear viagens pelo país e fazer sua pré-campanha. Reportagem da "Folha de S. Paulo" de 24 de abril explicava que pelas regras da cota não eram permitidos gastos de caráter "eleitoral". Na época, Bolsonaro já despontava nas pesquisas eleitorais com 9% das intenções de voto para a presidência e falava como pré-candidato, como no evento na Hebraica, no Rio, embora oficialmente atribuísse as viagens ao trabalho como suplente da Comissão de Segurança Pública da Câmara.

Fato é que já era recebido como pré-candidato e agia como tal onde quer que passasse. Em novembro de 2016, foi saudado aos gritos de "Mito" e "Bolsonaro presidente" no Recife, onde fez uma palestra na Associação Pernambucana dos Cabos e Soldados, apresentado à plateia como "futuro presidente do Brasil, o nosso mito". No evento afirmou:

— Vamos ganhar em 2018, porque somos a maioria no Brasil, homens de bem!

Alguns dias depois, já em Boa Vista, em Roraima, disfarçou ao desembarcar no aeroporto para um encontro com sindicalistas das polícias civil e militar:

— Não estou em campanha, mas estou me preparando para, se o momento exigir, não ser mais um capitão, mas um soldado a serviço de vocês.

No mês seguinte, viajou a São Paulo para encerrar a "semana dos presidenciáveis" do programa "Pânico no Rádio", da Jovem Pan:

— A minha ascensão é no vácuo político que está aparecendo.

Já em 2017, na cerimônia de formatura de soldados da PM em Belo Horizonte, prosseguiu com o jogo do "me engana que eu gosto":

— O Brasil tem jeito, só precisa de um capitão. Por coincidência, eu sou capitão.

Em fevereiro, viajou com um acompanhante a Campina Grande e João

Pessoa, na Paraíba. E em março teve um encontro com um professor da Universidade Mackenzie especialista em grafeno — outro elemento da tabela periódica a constituir a plataforma de inovação que imagina para o país.

Seu chefe de gabinete, Jorge Francisco, negou à "Folha de S. Paulo" que o deputado estivesse em campanha ou pré-campanha eleitoral "seja para qual cargo for" e afirmou que os reembolsos foram feitos "em consonância com os preceitos legais e regimentais" da Câmara:

— O que ocorre é que, por ser integrante da Comissão de Segurança Pública e Combate ao Crime Organizado, o deputado dispensa muita atenção aos assuntos relacionados ao tema.

Em agosto de 2017, seria a vez de "O Globo" reaquecer a polêmica. O jornal lembrava que os deputados tinham direito a ser ressarcidos pelos gastos com passagens aéreas, alimentação, hospedagem e aluguel de carros, entre outros, se os mesmos estivessem associados, exclusivamente, ao exercício da atividade parlamentar. A verba varia de acordo com o domicílio eleitoral do político, segundo a tabela de preço dos voos entre a capital federal e outros municípios. No caso de Bolsonaro, o deputado tinha direito a R$ 35.759,97 mensais.

Entre várias viagens listadas, o jornal destacava a visita a Campo Grande, no Mato Grosso do Sul. Não pelos valores em si — o bilhete de ida, em voo direto da Gol de Brasília para Campo Grande, custara R$ 804,64, enquanto que a volta para o Rio de Janeiro, com escala em Campinas (SP), R$ 915,39 —, mas porque, embora o deputado afirmasse o contrário, era evidente o clima de campanha. Ao desembarcar na capital sul-mato-grossense, em 12 de julho, recebido aos tradicionais bordões de "Mito", "Bolsonaro presidente da República" e "nossa bandeira nunca será vermelha", disse:

— No que depender de mim, todo cidadão de bem terá o direito de ter uma arma de fogo em casa.

Depois, por garantia, para evitar qualquer chance de ser punido pela Justiça por fazer propaganda eleitoral antecipada, divulgou um vídeo pelas redes sociais, em que dizia:

— Deixo claro que essa nossa viagem não tem qualquer conotação político-partidária, e muito menos eleitoral!

A assessoria do parlamentar chegou a dizer que a viagem havia sido custeada pelo próprio deputado, mas, confrontada com a prestação de contas à Câmara, acabou admitindo que a Casa bancou as despesas.

O uso de verbas públicas em pré-campanha eleitoral, no entanto, está longe também de ser a denúncia mais grave contra o presidenciável Jair Messias Bolsonaro. A utilização de verbas privadas em campanha, sim, causaria mais dor de cabeça. O deputado federal, que se gaba de não ter o nome citado na Operação Lava-Jato — que desde 17 de março de 2014 investiga crimes de corrupção ativa e passiva a partir de denúncias que envolveram a diretoria da Petrobras, políticos, doleiros e empresários —, foi acusado de receber R$ 200 mil da empresa JBS, durante a campanha para seu sétimo mandato na Câmara, em 2014.

Em 17 de março de 2017, a Polícia Federal deflagrou a Operação Carne Fraca, que desarticulava uma quadrilha especializada em liberar e comercializar produtos vencidos e impróprios para consumo. Cerca de 1.100 agentes cumpriram 309 mandados judiciais em São Paulo, Minas Gerais, Goiás, Rio Grande do Sul, Paraná e Santa Catarina, após dois anos de investigação. Um dos coordenadores da ação, o delegado Maurício Moscardi Grillo afirmava que partidos políticos teriam recebido propina no esquema armado por fiscais e as empresas do setor alimentício, entre elas, a JBS. Mesmo sem ser citado no material que portais de notícia publicaram durante o dia, o deputado se antecipou à polêmica e postou um vídeo nas redes sociais dizendo que tinha "a consciência tranquila":

— Olá, estou aqui em Mato Grosso, em Rondonópolis, e agora há pouco a Polícia Federal acaba de deflagrar a operação JBS Friboi. Consciência tranquila. Em 2014, entrou em minha conta R$ 200 mil da Friboi. No dia seguinte, devolvemos esse dinheiro. E, aos poucos, né, chegou-se à conclusão de que, na verdade, essas grandes empreiteiras, a JBS, pelo que tudo indica, esses aportes financeiros para partidos políticos, para parlamentares, nada mais foram do que propinas legalizadas. Consciência tranquila. Peço a Deus que ilumine a todos do Ministério Público, da Polícia Federal, o juiz Sérgio Moro, que bote em bom termo isso que vem acontecendo. Afinal de contas, chega de corrupção! Um abraço a todos. Fiquem com Deus. E a luta continua, tá ok? Um abraço a todos!

Bolsonaro sabia que logo a história viria à tona. Em 14 de setembro de 2014, a revista "Veja" publicara na seção "Holofote" uma nota a respeito, intitulada "Deles, não!": "O ambiente na cúpula do PP, uma das siglas que aparecem no escândalo da Petrobras, não anda bom. Dias atrás, o deputado Jair Bolsonaro aguardava uma contribuição de 300.000 reais que a direção do partido havia prometido para sua campanha. Na hora de registrar o repasse, porém, o presidente do PP, Ciro Nogueira, destinou ao deputado uma doação feita ao partido por um frigorífico conhecido por suas ligações com caciques petistas. Bolsonaro estrilou. Disse que não queria saber de doação que viesse de empresas ligadas ao PT, e devolveu o dinheiro."

Três dias após a operação da Polícia Federal, uma reportagem da revista "Vice", baseada na prestação de contas do deputado registrada no site do Tribunal Superior Eleitoral e publicada na internet em 20 de março, informava que Bolsonaro recebera a doação da empresa e que dissera ter devolvido o dinheiro ao próprio partido. Três dias depois, numa entrevista ao programa "Jovem Pan news", o deputado repetiria sua versão, ao responder ao questionamento feito pelo professor Marco Antonio Villa, comentarista político da emissora:

— Deputado, vamos pegar a questão, o senhor passou por questões também da economia. O Grupo JBS doou pro senhor R$ 200 mil, a Friboi, e o senhor dirigiu ao seu partido de então, que depois transferiu o dinheiro pro senhor. Foi assim que ocorreu, os R$ 200 mil?

— Villa, começaram as eleições de 2014. Me liga aí o presidente do meu partido: "Bolsonaro, vou botar 300 mil na sua conta". "Tudo bem! Bota 200 na minha e 100 na conta do meu filho" Foi depositado os 200 mil na minha conta. Um assessor meu de Brasília, imediatamente, puxou o doador originário: JBS Friboi. Ok, Villa? O que que eu fiz? Quando vi aquilo, eu fiz um cheque nominal, foi uma discussão pra devolver o dinheiro. Não queriam receber de volta. Eu cheguei a falar...

— O senhor não recebeu de volta esse dinheiro, a posteriori?

— Eu vou chegar lá, Villa. Tranquilo, Villa!

— Não, tô tranquilíssimo.

— Olha só, inclusive, eu falei o seguinte: "Vocês não querem estornar o dinheiro, sabe o que eu vou fazer? Eu vou pedir reserva pro gerente, vou pegar 200 mil, vou pra escadaria da Câmara, vou anunciar na internet, vou jogar 200 mil pra cima, dizer que é dinheiro do povo, isso aí é do povo, não é meu, é do povo, tá ok? Porque foi grana que vocês pegaram do PT pra se coligar com eles". Meu partido com eles. Vamos lá. Agora essa história, Villa, em 2014, o dinheiro que entra na caixa do partido não se mistura. A tua empresa doou tanto, por exemplo, pra um partido. Tá lá o nome, empresa Villa, tá lá.

— O senhor tava em que partido na época?

— Tava no PP. Entrou dinheiro da OAS no partido. Entrou dinheiro da Odebrecht. Olha só, o dinheiro...

— Tá. E o senhor recebeu o dinheiro de volta ou não?

— Não é de volta, Villa. O dinheiro que entrou na minha conta foi do fundo partidário. Seria a mesma coisa se eu tivesse recebido no mesmo dia 200 mil da Friboi e 200 mil do fundo eleitoral...

— Duzentos mil do fundo eleitoral...

— Não! Eu recebi no mesmo dia! E devolvi o dinheiro da Friboi!

— Mas o dinheiro acabou voltando pro senhor...

— Mas num é, ô, Villa! Num voltou, Villa!

— Mas o senhor acabou de falar, deputado...

— O dinheiro que entrou na minha conta...

— O senhor passou pro partido, que devolveu pro senhor...

— A Friboi não botou nada na minha conta, Villa. Quem botou foi o partido...

— Dinheiro que era da Friboi, não é verdade? Originalmente?

— Villa, Villa, olha, Villa, seguinte: o dinheiro que entrou pro partido foi da Friboi. Quem botou o dinheiro na minha conta foi o partido.

— Que o dinheiro original era da Friboi!

— Sim, por isso que eu devolvi.

— Ou seja, portanto, é uma triangulação, deputado...

— Não! Não é triangulação!

— Mas foi pro partido, e o partido recebeu o dinheiro da Friboi...

— Mas o dinheiro não se mistura. Esse dinheiro meu que voltou pro partido, meu, não, do partido, foi pra outro deputado. Porque tinha que ter o carimbo embaixo. O carimbo tinha que estar embaixo lá no papel, do doador originário, Villa. Entenda isso, Villa. Você entendeu?

— Sim, perfeito. Mas o dinheiro saiu do doador, a Friboi, e foi pro senhor. O senhor falou "Não, não quero". Mandou pro partido. E o partido pode ter pego aqueles 200 mil e passado pro Pedro, mas pegou outros 200 mil e passou...

— Pode, pode. Do fundo partidário.

— Mas o partido cometeu uma ilegalidade, portanto.

— Naquela época. Quer que eu faça o que naquela época, né? Você pode ver. Você vê, agora, que 1.428 receberam da JBS Friboi. Teve gente ali, Villa, que eu vi recebendo R$ 100. E vai pagar um preço. Não viu. Tem gente que não viu. Com todo respeito pra mim e pra você, talvez você não note R$ 100 na sua conta a mais ou a menos. Talvez! Talvez! E o cara tá pagando um preço altíssimo agora. Então, não tem, comigo. Olha só... Ao longo de um mandato, Villa, eu agrego quase um milhão por ano do fundo partidário. Então, olha só, por que eu nunca exigi nada do partido? Porque eu nunca votei com o partido, Villa? Então tá explicado aqui? Tá explicado, não?

— Perfeito, vamos voltar, ok, mas não me convenceu, deputado. Por que 200 mil foram pro partido, e o partido voltou 200 mil pro senhor.

— Nananananão! Olha, me admira você, professor de Economia, querer dar aula de Economia aqui e não entender isso daí! Me admira muito!

— Não, mas o meu entendimento foi outro. Foi 200 mil que o senhor recebeu, passou, não sabia que a doação, foi o que o senhor disse, era da Friboi, passou pro partido...

— Eu sabia que era da Friboi...

— Estava escrito...

— Veio no papel escrito, embaixo...

— Aí o senhor passou o dinheiro pro partido, falou "eu não quero esse dinheiro", porém, o partido mandou outros 200 mil pro senhor...

— Mas podia mandar 100, 50, 300, 500... Poderia fazer isso aí...

— Perfeito. Vamos lá. Então só pra...

— Você entendeu agora, não? Não vem me rotular de corrupto aqui, não!

— Não, não... A questão não é corrupto, não... Não fiquei satisfeito, e tenho o direito de não ficar.

— Então, eu tenho o direito de explicar novamente.

— Não, mas o senhor recebeu 200, eu entendi. Mandou pro partido, e o partido mandou 200 pro senhor. Pode não ter sido os mesmos 200, como o senhor disse, porém, é dinheiro que o partido recebeu de propina.

— O partido recebeu propina, sim!

— Então, como é que o senhor participa de um partido que recebe propina, deputado?

— Mas qual o partido não recebe propina? Qual o partido que não recebe propina?

— Mas o senhor disse que tem a honestidade como norte! E aí recebe dinheiro de propina? Eu, se um dia tivesse, nunca seria candidato em nenhum partido...

— E outra: não é propina! Em 2014, Villa, ninguém falava em propina legal, Villa!

— Mas a doação, a propina transformada, que hoje nós sabemos, é propina que vira doação legal. Mas a origem é propina.

— Ô, Villa, o meu partido, eu não sei... É mais ou menos cinco milhões por mês de fundo partidário, Villa. Os caras vão me passar 200 pra uma campanha miserável, minha. Miserável, Villa, miserável!

— Deixa eu perguntar um negócio de energia. A gente tá falando de energia nuclear...

— Mas, peraí! Você tá achando que eu tô na pedalada?

— Não, não! Eu perguntei ao senhor, o senhor tem direito de responder, e eu tenho direito a ter uma opinião. Democracia é assim.

— Você não quer entender. Você quer me rotular. Você quer me rotular...

— Não, não!

— Por que você não me respondeu, por exemplo, já que o assunto é corrupção, o que que o Alberto Youssef falou quando ele tava na delação dele? Que dois deputados do PP apenas, dois deputados, não pegaram dinheiro da Petrobras. Um fui eu.

— Ainda bem!

— Ainda bem? Você queria que eu fizesse o quê?

— Ainda bem. A gente não tem que se misturar com essa turma.

— Teve mais também. Teve mais. E vocês não falaram nada aqui.

— Falamos, sim!

— O meu nome não entrou. Por ocasião da ação penal 470, que é lá do Joaquim Barbosa, mensalão...

— Quatrocentos e setenta, isso. O inquérito 2.245.

— Os números estão te atrapalhando um pouquinho aí...

— Não, não, meus números nunca atrapalham, deputado. Ao contrário, o que eu perguntei pro senhor você não respondeu desde o começo. Sobre economia, eu não tô satisfeito...

— Mas, peraí, eu tenho o direito de responder de outra forma. Ou você acha que eu tenho que ser igual a você?

— Não! Eu queria que o senhor desse respostas consistentes sobre indústria, sobre serviços, agricultura, minerais...

— Eu falo de agricultura... eu tive lá...

— Queria agora falar de energia nuclear, queria que o senhor me falasse...

— Peraí. Teve outro caso também. Teve o caso do Joaquim Barbosa. O caso mensalão. Ele leu o seu voto e citou meu nome no mensalão: "O Jair Bolsonaro, tá, foi o único da base aliada do governo, que nunca votava com o governo, e não foi comprado pelo PT". Tá lá na ação penal dele. Isso não conta?

— Outros deputados também da base aliada, a gente não pode achar que todos...

— Não, não! O Joaquim Barbosa citou só eu, então cobre do Joaquim Barbosa!

Quando a poeira do escândalo da JBS já tinha baixado, mas a corrida eleitoral para a Presidência da República esquentava, outro pré-candidato, Ciro Gomes, deu uma explicação diferente para os tais R$ 200 mil na conta de Bolsonaro, respondendo ao apresentador Emílio Surita sobre o que achava do "fenômeno" Bolsonaro. Foi no programa "Pânico no rádio", da mesma emissora Jovem Pan, em 9 de agosto de 2017:

— Ô, Ciro, mas você não acha que esse fenômeno do Bolsonaro e tal, você não acha... Eu acho que a principal carência da população hoje é o medo. É a segurança pública.

— Há duas razões aí pro Bolsonaro estar no momento interpretando isso. É a simplificação com que ele toscamente responde a duas grandes questões da sociedade, ou pelo menos de parte dela, que tá desorientada e tá com medo. Uma, a violência; e segundo, a corrupção. Só que esses dois problemas eles não são resolvidos a golpe de frase feita. Por que ele não vai ser prefeito do Rio, cara? Faz uma experiência, consegue controlar a esculhambação do Rio de Janeiro, que é uma cidade. Por que não vai controlar ali a roubalheira no Rio de Janeiro, que tá aí o Sérgio Cabral, todo dia é escândalo de 100 milhões etc e tal, pra poder entender que não é simples? Por que se o cara chega ali, na Presidência da República, deixando o povo acreditar que com duas, três frases — "bandido bom é bandido morto" e "a ladroeira vai acabar porque comigo não tem" — é mentira ou despreparo. Que, no caso dele, é mais despreparo do que mentira.

— Ele alega que ele não pegou dinheiro nenhum dessas...

— Isso é uma grande baboseira, porque na data em que ele pegou era legal. Esse é o problema do moralista de goela. O que que aconteceu? É ridículo isso! Eu tô defendendo ele! Mas é ridículo! O que ele faz? A JBS, legalmente, não era mal falada, não tava respondendo por nada, bota R$ 200 mil na conta dele. E onde é que a JBS arrumou o número da conta dele? Cacete!

— Não, deu pro partido, segundo ele...

— Não, não! A JBS colocou R$ 200 mil na conta dele! Jair Messias Bolsonaro, deputado federal! E mais outro tanto na conta do filho dele. Ele, quando viu, resolveu estornar o dinheiro. Não pra JBS. Porque, se eu tô indignado, o cara depositou na minha conta sem a minha autorização, eu devolvo pra ele. E mando ele pastar — pra não dizer aquela outra frase que termina num monossílabo tônico, né? Vá lá! Viu como eu tô melhorzinho um pouco? Não! O que que ele faz? Ele devolve para o partido, que, na mesma data, entrega R$ 200 mil pra ele! E o nome disso é lavagem de dinheiro. Simples assim. Só que não precisava!

A lista da JBS não tinha sido a primeira em que Bolsonaro vira seu nome associado. Mais de uma década atrás, a edição 379 da revista "Carta Capital", de 8 de fevereiro de 2006, trazia entrevista com o ex-deputado Roberto Jefferson — o mesmo que denunciara em maio de 2005 o esquema do mensalão do PT — em que revelava que nas eleições de 2002 a estatal Furnas Centrais Elétricas abastecera campanhas de políticos, em sua maioria do PSDB e do PFL, com dinheiro de caixa 2.

O esquema era comandado pelo publicitário Marcos Valério e pelo diretor de engenharia da empresa, Dimas Toledo, com uma lista de beneficiários extensa e vultuosa: 156 políticos receberam R$ 39,9 milhões. A denúncia incluía figurões da política nacional, como José Serra (PSDB-SP), candidato à Presidência da República, que teria recebido R$ 7 milhões; Geraldo Alckmin (PSDB-SP), candidato ao governo de São Paulo, R$ 9,3 milhões; Aécio Neves (PSDB-MG), candidato ao governo de Minas, R$ 5,5 milhões; Eduardo Azeredo (PSDB-MG), candidato ao Senado por Minas Gerais, R$ 550 mil; Zezé Perrela (PFL-MG), também candidato ao Senado por Minas, R$ 330 mil; Sérgio Cabral (PMDB-RJ), candidato ao senado pelo Rio de Janeiro, R$ 500 mil; Marcelo Crivella (PL-RJ), também candidato ao Senado pelo Rio, R$ 250 mil; Eduardo Paes (PSDB-RJ), candidato a deputado federal, R$ 250 mil; Rodrigo Maia (PFL-RJ), também candidato a deputado federal pelo Rio, R$ 200 mil; entre outros.

Eduardo Cunha (PMDB-RJ), já uma eminência parda à época, teria recebido R$ 100 mil para a campanha a deputado federal, assim como Leonardo Picciani (PMDB-RJ). O delator, Roberto Jefferson (PTB-RJ), candidato ao mesmo cargo, era peixe pequeno, R$ 75 mil; e Jair Bolsonaro (PPB-RJ), praticamente um lambari, R$ 50 mil.

Independentemente do tamanho e do peso eleitoral, todos caíram nas redes de discussões da Comissão Parlamentar Mista de Inquérito dos Correios, que arrastou o caso em suas investigações. Em abril de 2006, o relatório final do deputado Osmar Serraglio (PMDB-PR) concluiu, no entanto, que a acusação era infundada, uma vez que dois institutos de perícia — Instituto Mauro Ricart Ramos e Instituto Del Picchia — atestaram a falsidade da lista, e sugeriu o indiciamento por crimes de calúnia, falsidade de selo ou sinal público e falsidade ideológica do assessor político Nilton Monteiro, que entregara a lista à Polícia Federal, e de Luiz Fernando Carceroni, acusado de ter sido cúmplice na elaboração do documento.

Um novo laudo divulgado em junho daquele ano pela Polícia Federal confirmaria a autenticidade da Lista de Furnas. Dessa vez, o exame havia sido feito com os originais entregues à PF pelo lobista mineiro Nilton Monteiro, que afirmou ter recebido o documento de Dimas, no início de 2005, quando o então diretor de Furnas ainda tentava convencer políticos a mantê-lo no cargo. Até então, a polícia teve acesso somente a uma cópia autenticada, que continha divergências em relação à original e que trazia indícios de montagem e fraude, segundo o Instituto Nacional de Criminalística (INC). A nova perícia do INC concluíra, porém, que o documento original não fora forjado e que a assinatura de Dimas Toledo era autêntica. A PF ressalvou, contudo, que não teria como atestar a veracidade do conteúdo da lista.

Ainda assim, o Ministério Público Federal no Rio ofereceria denúncia contra 11 suspeitos do crime de corrupção e lavagem de dinheiro no suposto esquema de desvios na estatal, entre eles, Dimas Toledo, Nilton Monteiro e Roberto Jefferson. A denúncia da procuradora Andréa Bayão não incluiu, porém, nenhum político do PSDB ou do PFL, e o processo, que corre em segredo de Justiça, sequer foi aceito no tribunal estadual de primeira instância.

Apesar das citações, o deputado federal saiu com a imagem relativamente incólume das duas listas. A imunidade às denúncias nesses casos fora adquirida, também, ao longo do tempo em que o deputado exerceu o direito de falar o que lhe viesse à telha sem que sofresse qualquer consequência, como naquela longínqua entrevista a Jair Marchesini, exibida no programa "Câmera aberta", da Rede Bandeirantes, em 23 de maio de 1999, em que confessou que sonegava impostos, ao comentar as denúncias sobre o sistema financeiro nacional, na esteira da CPI dos Bancos:

— Você acha que o ministro Malan era o marido traído?

— Que nada! Ele sabe de tudo. Bobos somos nós aqui, que estamos pagando imposto aqui embaixo. Inclusive, xará, conselho meu, conselho meu e eu faço: eu sonego tudo que for possível. Se eu puder não pagar o negócio lá por cima, eu não pago, porque o dinheiro vai todo pro ralo, vai pra sacanagem.

— Não é desobediência civil o que o senhor está pregando?

— Eu prego sobrevivência, sobrevivência! Se você for pagar tudo o que o governo pede pra você, você não sobrevive, porque, na hora que você for precisar de um médico, você não tem dinheiro, você vai na rede pública e você vai morrer na rede pública.

Bolsonaro sobrevivera e encontrara meios para sobreviver bem. Entretanto, teria mais dificuldade em não levantar dúvidas sobre sua ilibada honestidade ao tentar explicar o aumento patrimonial de seu clã. Dois dias após anunciar que concorreria à Presidência da República pelo Partido Social Liberal (PSL), viu recair sobre o seu nome uma das suspeitas que mais aterrorizam os políticos brasileiros: o enriquecimento injustificado. Uma reportagem da "Folha de S. Paulo", publicada no domingo 7 de janeiro de 2018, afirmava que Bolsonaro e seus filhos que o seguiram na política eram donos de 13 imóveis com valor de mercado de, pelo menos, R$ 15 milhões.

Lembrando que Bolsonaro já se encontrava no sétimo mandato em Brasília; Flávio era deputado estadual no Rio desde 2003 e tinha uma sociedade numa loja de chocolates; Carlos era vereador no Rio desde 2001; e Eduardo, deputado federal desde 2015; a "Folha" julgou que os Bolsonaros apresentavam uma evolução patrimonial acelerada para quem vivia só de política. No caso do chefe da família, seus rendimentos totalizavam R$ 39.300 brutos, somados o salário como parlamentar e o soldo como capitão da reserva.

O levantamento feito pelo jornal em cartórios constatou que, em dez anos, o clã comprara dez dos 13 imóveis que possuía: cinco em nome de Jair; três no de Carlos; dois no de Eduardo; e três no de Flávio. Os imóveis mais nobres adquiridos na última década registravam preço de compra bem inferior à tabela da prefeitura na época. Duas casas localizadas nos condomínios Vivendas da Barra, na Avenida Lúcio Costa, na orla da Barra da Tijuca, teriam sido compradas por R$ 400 mil, em 2009, e por R$ 500 mil, em 2012, quando no cálculo para fixar o Imposto de Transmissão de Bens Imóveis (ITBI) já eram avaliadas pela Prefeitura do Rio em R$ 1,06 milhão e R$ 2,23 milhões, respectivamente.

Numa das transações, a proprietária da casa vendeu com deságio de R$ 180 mil em relação ao valor que desembolsara quatro meses antes. A Comunicativa-2003 Eventos, Promoções e Participações adquirira o imóvel em setembro de 2008 por R$ 580 mil, reformara a casa e vendera ao deputado 120 dias depois, com um desconto de 31% sobre o que investira originalmente. O motivo, segundo ela, foi porque precisava juntar recursos para a compra de outro imóvel.

Bolsonaro, que declarara em 1988, quando entrara na política, ter um Fiat Panorama, uma moto e dois lotes em Resende no valor de R$ 10 mil atualizados, amealhara ao lado dos filhos, além dos imóveis, automóveis que custavam entre R$ 45 mil a R$ 105 mil, um jet-ski e aplicações financeiras, que, somados, resultavam num montante de R$ 1,7 milhão.

Procurado pelos repórteres desde a quinta-feira anterior à reportagem, Bolsonaro preferiu não se manifestar, e não teve nem tempo de respirar: no dia seguinte, 8 de janeiro, a "Folha" revelou que o deputado do PSC-RJ recebia auxílio-moradia da Câmara, embora tivesse imóvel próprio em Brasília. O apartamento de dois quartos e 69 metros quadrados ficava no Sudoeste, um dos bairros do Plano Piloto, na região central, e fora adquirido na planta no fim dos anos 90. Foi entregue no início de 2000, quando o capitão da reserva já recebia o benefício.

O auxílio-moradia é destinado aos parlamentares que não utilizam apartamentos funcionais em Brasília. Como a oferta é menor do que a demanda, cada beneficiário recebia R$ 4.253 por mês, segundo duas formas de pagamento: por reembolso, para aqueles que apresentavam recibo de aluguel ou de diária em hotel de Brasília; ou em espécie, sem necessidade de comprovação, mas com desconto de 27,5% referente ao Imposto de Renda.

Como optavam pelo segundo modo, o capitão da reserva e seu filho Eduardo Bolsonaro (PSC-SP) recebiam mensalmente R$ 3.083, cada um. O pai se utilizava da verba extra desde outubro de 1995. O filho, desde fevereiro de 2015. Juntos, haviam embolsado até dezembro de 2017, R$ 730 mil, já descontado o Imposto de Renda.

O silêncio de Bolsonaro só foi quebrado na quinta-feira 11 de janeiro, quando os repórteres Camila Mattoso e Italo Nogueira se dirigiram ao distrito de Mambucaba, em Angra dos Reis, no litoral Sul Fluminense, para averiguar denúncia de que o deputado empregava uma funcionária fantasma que vendia açaí na vila histórica localizada a 50 quilômetros do Centro da cidade. Desde 2003, Walderice Santos da Conceição era uma dos 14 funcionários do gabinete de Bolsonaro, em Brasília. Ela recebia salário bruto de R$ 1.351,46 e mantinha em Mambucaba uma lojinha de suco de açaí, na mesma rua onde o deputado tem uma casa de veraneio, desde o fim dos anos 90.

Moradores disseram aos repórteres que Wal, como é conhecida, também faria serviços particulares na casa de Bolsonaro, de onde seu marido, Edenílson, seria o caseiro. Ao ser flagrada pela reportagem saindo do imóvel, ela pediu "um minutinho" e retornou ao interior da residência. Em seguida, Edenílson abriu a porta, convidando os repórteres a entrar:

— Venham conhecer o homem.

Bolsonaro surgiu à porta para que entrassem. Deu-se, então, finalmente, a entrevista em que o deputado, bem a seu estilo irascível, forneceu explicações sobre a evolução de patrimônio, uso de auxílio-moradia e contratação de funcionários fantasmas, entre outros assuntos que o tiraram do sério:

— Vamos entrar?

— Vamo lá.

— Esses são meus amigos aqui, que dão comida pros cachorros. Não tem ninguém que cuida da casa aqui. Os amigos que dão comida pros cachorros aqui. Mais nada.

— Aquela senhora que a gente viu ali na entrada quem é? Wal, né?

— É Wal, sim.

— Ela cuida da casa do senhor?

— Não, num tem nada a ver. Há muito tempo, ela tá empregada comigo. Vou chutar, uns dez anos. E ela é responsável pelo que acontece aqui na região pra mim, como tenho gente em Resende, como tenho gente em bairros do Rio de Janeiro, tá ok?

— Mas é ela que cuida ou o marido dela?

— Não, não tem nada a ver. Não cuida nada da casa. Os amigos cuidam aqui da... não tem que tomar conta dessa casa aqui. Não tem o que fazer. Não tem nada pra fazer nessa casa.

— Só pra esclarecer. O senhor falou que a Wal é comissionada, né?

— Sim.

— O que ela faz?

— Ela faz o que qualquer comissionado faz. Qualquer problema da região, ela entra em contato com o chefe de gabinete. Tenho 15 funcionários no Estado do Rio de Janeiro.

— Que tipo de problema?

— Uma carência da prefeitura, para que um parlamentar possa apresentar uma emenda pra cá. O prefeito, atualmente, eu me dou muito bem com ele.

— Mas teve um período em que ela até virou chefe de gabinete?

— Negativo.

— Teve sim, em 2011 e 2012.

— Chefe de gabinete? É comissionado, lá em Brasília. Como é chefe de gabinete? O que acontece, de vez em quando: há um funcionário demitido, então aquela verba a gente destina para um funcionário por pouquíssimo tempo, é isso o que acontece. São pessoas paupérrimas aqui na região. Vocês querem criar um fato, não vão conseguir criar um fato.

— Mas ela tem essa entrada política, de conversar com as pessoas?

— Sim.

— Ela é uma líder comunitária, ou como é?

— Ela faz tudo. Ela me traz informações.

— Dá um exemplo de uma informação que ela levou...

— Peraí, ela fala com o chefe de gabinete, o contato dela, basicamente o chefe de gabinete. Ela se comunica também com o gabinete aqui do Rio, que é do meu filho, que é vereador. Não é só nós *(sic)*. Ela se comunica com o chefe de gabinete do vereador, se comunica com o pessoal do gabinete do deputado estadual, que é meu filho. Não há diferença, muitas vezes, quando um funcionário trabalha pra mim, trabalha pros dois também.

— Mas todo mundo falou basicamente a mesma coisa: que a Wal é uma funcionária doméstica, que ela entra em casa, cuida da casa. Por que que o senhor acha...

— Você bota imagem, fotografia de quem falou isso. Não é verdade.

— Por que o senhor não respondeu às 32 perguntas que a "Folha" mandou *(sobre patrimônio)*?

— Eu tenho obrigação? É CPI agora? Pergunta que eu te respondo aí, ao vivo. Eu tô gravando agora, para vocês pinçar *(sic)* o que interessa... Eu sei a serviço de quem vocês estão. Vocês estão a serviço de me desestabilizar. Esse é o trabalho, que não é teu. Porque você, com todo respeito, você merece respeito, mas os interesses da "Folha" estão acima do seu conhecimento. Para vocês, interessa qualquer um presidente da República, menos Jair Bolsonaro.

— O senhor falou naquele vídeo que está pensando em abrir mão do auxílio-moradia e vender seu apartamento.

— Sim, olha só. O que eu devo fazer? Chegando lá em janeiro, acabou o recesso *(parlamentar)*, vou pedir o apartamento funcional. Inclusive, tem mais ou menos 60 metros quadrados o meu apartamento. Vou passar para um de 200 metros quadrados. Espero que pegue com hidromassagem, ok? Eu vou morar numa mansão, não vou pagar segurança, não vou pagar IPTU... No meu, eu pago. Não vou pagar condomínio. No meu, eu pago. Eu vou ter paz.

— O senhor utilizou, em algum momento, deputado, o dinheiro que recebia de auxílio-moradia para pagar esse apartamento?

— Como eu estava solteiro naquela época, esse dinheiro de auxílio-moradia eu usava pra comer gente. Tá satisfeita, agora, ou não? Você tá satisfeita, agora? Você está satisfeita?

— Eu estou satisfeita pelo senhor dar uma resposta.

— Porque essa é a resposta que você merece. É a resposta que você merece. O dinheiro que entra do auxílio-moradia, eu dormia em hotel, eu dormia em casa de colegas meus, em Brasília, militares. O dinheiro foi gasto em alguma coisa ou você quer que eu preste continha: olha, recebi R$ 3 mil, gastei R$ 2 mil em hotel, vou devolver mil, tem cabimento isso?

— Diversos colegas do senhor fazem isso.

— Que diversos?

— Ué, o auxílio-moradia tem uma modalidade que você recebe em dinheiro e outra que recebe em depósito e presta contas. A maioria dos colegas do senhor faz isso.

— Ninguém pega dinheiro. Ele apresenta a nota. Até aquele limite, R$ 6 mil, o dinheiro é ressarcido para a conta dele. Qual a diferença?

— É porque o senhor tem discurso de moralidade. A maioria dos colegas do senhor comprova o uso...

— Você tá forçando a barra... tá forçando a barra.

— Uma pergunta objetiva que eu tenho pro senhor: auxílio-moradia, na avaliação do senhor, é uma parte do seu salário?

— O que entra na minha conta eu uso. Por exemplo, se eu tivesse uma casa no Lago Sul, por exemplo, eu podia ter se fosse empresário, avaliada em 10 milhões de reais e recebesse auxílio-moradia. Quanto uma casa de 10 milhões de reais paga de IPTU lá no Lago? Quanto paga de condomínio? Eu vou chutar, no mínimo, vai dar uns oito mil por mês. Mais do que o dobro que o pessoal da Câmara recebe. Então, se eu vender alguma coisa aqui no Rio e comprar um apartamento grande ou uma casa no Lago Sul, o que eu vou gastar pra fazer a manutenção daquele imóvel é duas, três vezes o que a Câmara me dá.

— Mas o senhor não avalia se o senhor gasta mais ou menos do que o senhor recebe de auxílio-moradia? Isso não é uma preocupação?

— Não, não.

— Vamos falar do seu patrimônio. O senhor estava criticando o fato de a "Folha" ter divulgado o valor do patrimônio do senhor, da sua família.

— Peraí, você tem que divulgar é o meu patrimônio. Daqui a pouco, vão querer pegar minha mãe, com 91 anos de idade. Começar a levantar a vida dela.

— A gente pegou só dos parlamentares.

— Peraí. Você vai pegar da minha mãe daqui a pouco. Meu pai já morreu. Dos meus irmãos... Ok? Tem que pegar o meu. Esquece meus filhos. Se o meu filho assaltar um banco ou ganhar na Mega Sena, é problema dele, não é meu.

— O senhor, por exemplo, quando colocou a comparação das economias que o senhor fez *(com dinheiro da Câmara)*, o senhor colocou a sua junto com a do seu filho Eduardo. É a mesma forma como a gente tratou na matéria também. A gente fez levantamento dos parlamentares. A gente não envolveu nenhuma outra pessoa da família que não seja político.

— Tem familiares que são igual cão e gato, não se dão.

— O senhor acha correto seu salário?

— Eu uso meu salário até para fazer campanha. Os 10% que tenho direito, até isso eu uso.

— E por que, ainda assim, o senhor pega auxílio-moradia?

— Você quer que eu faça o quê? Que eu ganhe um salário-mínimo por mês? Quanto tu ganha na "Folha"?

— Eu não sou funcionário público, não sou obrigado a responder isso.

— Ah, é? Ah, é? Ah, é?

— É.

— Ah, é? Você não tem obrigação, você não tem obrigação, mas abre o jogo. Vamos abrir o jogo.

— Eu sou da iniciativa privada.

— Vamos abrir o jogo. Fala o teu salário aqui. Quanto a "Foice de S. Paulo" paga pra você? Conta aí. Porra, você está enchendo o saco, porra. Você está procurando ovo... cabelo em ovo, poxa. Quase todo o dinheiro que eu recebo de auxílio-moradia vai pra manutenção do meu apartamento.

— O senhor comprova isso? Tem como comprovar?

— Sim. Todo mês. Você acha que eu não pago condomínio?

— Eu suponho.

— Você supõe que eu pago condomínio? A que nível moral que vocês têm da "Folha"! Você tá supondo que eu pago condomínio? Eu tô sonegando condomínio?

— Eu não sei, deputado. O senhor não apresenta nota fiscal como os seus colegas...

— Eu não sou obrigado a te apresentar alguma coisa! Que cara de pau, a tua!

— Por que o senhor não tem o mesmo comportamento do auxílio-moradia com a verba *(indenizatória, para despesas do gabinete)* da Câmara que o senhor se orgulha de ter devolvido?

— Opção, opção. Onde eu errei aí? Onde eu estou incurso em alguma lei, onde cometi algum crime?

— O senhor não considera que foi um erro?

— Não. É um direito que eu tenho. Onde tem alguma instrução na Câmara dizendo que quem tem imóvel em Brasília não pode receber auxílio-moradia?

— O senhor não acha também que é uma contradição com seu discurso?

— Negativo. Eu poderia, esses R$ 100 e pouco mil que eu devolvi do ano passado, ter encomendado trabalho em gráfica, pago matéria em jornal. Eu poderia ter pago matéria em jornal.

— A diferença objetiva entre auxílio-moradia e a verba da Câmara é que a verba da Câmara não vai para o senhor. O auxílio-moradia vai para o senhor.

— Oh, meu Deus do céu. Dá na mesma, cara.

— Não dá na mesma, não, deputado. O cotão o senhor tem que usar com fornecedor, enfim...

— Façam um dado comparativo disso tudo.

— A gente tá conversando na casa do senhor, por que a gente não vai agora lá na casa do senhor *(no Rio de Janeiro)*, onde o senhor mora?

— Minha casa é particular minha, cara.

— Essa casa aqui também é particular...

— Essa aqui é de campo. Aqui, tudo bem. A minha particular, onde minha esposa tá, onde minha filha tá? Vocês, dessa mídia suja, entrar na minha casa? Você tá de brincadeira comigo. Na minha casa, entra pessoas *(sic)* que eu tenho consideração. Por vocês da "Folha de S. Paulo", nenhuma consideração.

— Agradeço o convite que o senhor fez.

— Aqui você pode entrar, que eu não moro aqui!

— Os seus amigos entram aqui... Eu agradeço...

— Amigo? Você não é meu amigo! Você tá aqui trabalhando!

— Claro, tô aqui trabalhando. Agradeço a consideração do senhor ter recebido aqui dentro da sua casa. Mas a sua casa o senhor não quer mostrar?

— A minha casa, não! Não é que eu não queira mostrar. Ninguém vai entrar! Ninguém vai entrar! Só quem eu quiser que entra na minha casa.

— Mas o senhor não acha curioso, estranho, o fato de ela ter comprado quatro meses antes por R$ 580 mil?

— Não acho estranho.

— Ela ter declarado à "Folha" que reformou o imóvel para vender e, depois da reforma, ela vendeu por R$ 400 mil?

— Quando eu entrei na casa, ela estava pintada, ela estava caiada, a reforma foi caiar a casa, mais nada. Aquilo não é a reforma que fizeram. Tanto é que, quando eu entrei, tive que refazer tudo. O mais fácil, se eu tivesse recurso, era botar a casa no chão e fazer outra.

— O que a gente colocou na matéria: há diferença entre o que o senhor pagou e o que foi calculado pela prefeitura. A que o senhor atribui essa diferença?

— O meu corretor que fez a compra. Você acha que foi sair de Brasília e ficar dois, três dias correndo cartório, tirando certidões negativas? O corretor que fez.

— Quem é o seu corretor, senhor deputado?

— Antonio Mufato. Se não me engano, não tenho certeza, acho que é o doutor Antonio Mufato.

— É seu advogado também né, em algumas... a gente viu...

— De vez em quando, ele advoga em algumas coisas minhas, civil...

— Em 1999, o senhor declarou em uma entrevista que sonegava, defendia a sonegação.

— Sim. Mas, pera aí, deixa eu complementar. Terminou? Vai, continue.

— Esse modelo de compra que o senhor fez, o Coaf *(Conselho de Controle de Atividades Financeiras)* classifica atualmente como uma operação suspeita de lavagem de dinheiro e sonegação de impostos. O senhor sonegou impostos nessa operação?

— Quando eu falei que sonegava, quem hoje em dia e no passado nunca se indignou com a sua carga tributária? Quem quer ter segurança tem que fazer o quê? Contratar segurança particular. Quem quer ter saúde, tem que colocar o filho em escola particular... educação. Quem quer ter saúde precisa ter um plano. Foi um desabafo. E desabafo hoje de novo também. Hoje, o povo, como um todo, só não sonega o que não pode, e é uma verdade isso daí. E eu, representando o povo, desabafei naquele momento isso.

— Mas o senhor, como homem do povo, o senhor acha...

— Não é justo você sonegar. O injusto é o governo não dar nada em troca dos impostos que são arrecadados.

— O senhor declarou que sonegou...

— Eu nunca soneguei. Eu sonego... "Eu mato tudo quanto é bandido que vier pela frente". Matei algum bandido?

— Mas naquela declaração, o senhor falou...

— Eu estava na televisão, desabafando a questão da carga tributária nossa.

— Sim, e o senhor desabafou que sonegou um imposto...

— Não desabafei. Falei: "sonego tudo que é possível". Como posso sonegar, por exemplo, ICMS?

— Se o senhor sonega tudo o que é possível, o senhor confirma uma sonegação. Concorda?

— Não é possível. Não, não, não. Negativo. Era um desabafo. Você acha que, na minha situação de parlamentar, se eu fosse um sonegador, eu ia estar falando? Se houve um deslize no palavreado meu, é uma coisa. O que eu estava era reverberando a indignação do povo.

— Foi um deslize do senhor?

— Hoje em dia, sim. Com a situação que estou, falar que foi deslize. Se eu chegar à Presidência da República, nós vamos tratar o dinheiro com zelo. Tanto é que não vai ter dinheiro para vocês da imprensa, que faz essa imprensa *fake news* como vocês aí. Então, a "Folha fake news" foi R$ 180 milhões, mais ou menos, no governo do PT. Essa grana vai para o povo.

— O senhor continua recomendando a sonegação?

— Negativo, negativo. *(Se for presidente)* Não precisa pensar em sonegar porque vai ter a contraprestação do serviço fruto daquele imposto.

— O senhor tá concorrendo ao cargo mais alto do país, então é evidente...

— E é bom vocês torcerem pra eu não chegar. Por que vai acabar a teta de vocês, e você vai perder seu emprego lá...

— Por quê? O senhor vai pedir a demissão? O senhor vai interferir na imprensa?

— Não vai ter dinheiro para vocês. O dinheiro para imprensa vai ser para o povo.

— Mas por que eu vou ser demitido, deputado? O senhor tá me ameaçando, deputado?

— Olha só a tática... O senhor vai ter que procurar emprego em outro jornal.

— Quando a gente enviou as perguntas pro senhor, pra sua assessoria, melhor dizendo, por que o senhor não recebeu a "Folha", não deu as explicações?

— Se vocês tivessem me procurado, eu falaria com vocês.

— A gente procurou, deputado. A gente procurou muito.

— Você acha que eu vou ficar à disposição de vocês 24 horas por dia?

— A gente procurou ou não procurou, deputado?

— A mim, não procuraram.

— A gente procurou a sua assessoria. O Eduardo trabalha com o senhor? O Eduardo disse que repassou as perguntas pro senhor. O Eduardo é o que do senhor?

— Tem um Eduardo lá que é funcionário.

— Ele é assessor de imprensa? Ele atende a imprensa?

— Lá, todo mundo faz tudo.

— Mas ele pode ser uma pessoa que a imprensa pode procurar?

— Pode, pode procurar ele!

— Então, nós procuramos ele, e ele disse que passou as perguntas...

— Tô de férias. Eu não recebi. E, se ele tivesse mandado, eu ia ignorar. Porque eu quero responder pessoalmente. Já fizeram todas as perguntas?

— Ué, mas a gente tá continuando...

— Porque se vai, só no papel, você já pinça o que interessava e me sacaneava.

— Mas a gente poderia ter feito isso que a gente tá fazendo quando a gente enviou as perguntas. O senhor fala: "vem aqui, a gente vai receber aqui, tatatá".

— Vocês são muito gentis, quando vocês querem justificar alguma coisa. Nunca me furtei a fugir da imprensa.

— Se for presidente, o senhor acha que pode escolher quem responder e quem não responder, dessa forma?

— Se você perguntar pra mim, da "Folha"? Vou falar *fake news* e partir pra outra...

— O senhor acha que pode fazer isso? É essa a postura que o senhor vai ter?

— Pra vocês da "Folha", vai, pra vocês da "Folha". "O Globo", não. O "Estado de S. Paulo", não.

— E o senhor acha isso correto?

— É o meu entendimento: eu respondo quem eu quiser.

— Como presidente da República?

— Eu respondo quem eu quiser.

— Inclusive, como presidente da República?

— Vocês da "Folha", não.

— Como deputado, o senhor responde a quem o senhor quiser.

— Vocês da "Folha" desistam. Não precisa ter aquele comitê de imprensa do Planalto que tem lá, se eu chegar lá. Sai fora, que vocês não vão ter resposta nenhuma. Satisfeito aí? Vou tentar chegar em São Paulo sete e meia da noite...

— Ok. Agora, só pra gente finalizar a questão da Wal. A Wal, então, é uma funcionária, ela trabalha pro senhor, ela presta serviço pro seu gabinete, ela lhe dá *feedback* sobre o que tá acontecendo na região e ela frequenta a sua casa por algum motivo ou não?

— Não, ela é casada com o Edenílson. O Edenílson é uma das pessoas que vêm tomar conta do cachorro. Essa casa é franqueada. Se você olhar aqui, não tem tranca na casa, não tem nada aqui. Você entra aqui na hora que você bem entender.

— A Wal, a gente encontrou ela saindo de casa. Pode explicar pra gente o que ela tava fazendo?

— Pergunta pro marido dela aí. Como se tivesse uma faxineira aqui, ela vai estar o dia inteiro na faxina aqui? Ahhh, se eu ver *(sic)* você saindo lá da Vila Mimosa *(famoso local de prostituição no Rio de Janeiro)*, o que que eu vou pensar de você?

— O senhor pode perguntar, e eu explico pro senhor...

— Ah, é? O que você estava fazendo na Vila Mimosa? *(se dirigindo à repórter)*

— Você está perguntando pra ela ou pra mim?

— Perguntei pra ela.

— Eu não frequentei a Vila Mimosa... — responde Camila.

— Mas você pode fazer um trabalho lá um dia. Se eu te ver *(sic)* saindo da Vila Mimosa...

— No dia que eu fizer, o senhor me pergunta, e eu te digo o que eu fui fazer lá.

— Então, agora, porque o marido tava aqui comigo ela não pode vir pra cá? Você acha que tava fazendo faxina aqui? Outra coisa: essa casa faxina o dia todo, se tivesse que fazer?

— Bom, acho que tá resolvido. Obrigado.

— Já vi que a matéria vai ser excelente aí...

Não se sabe se toda a explanação de Jair Messias Bolsonaro continha verdades absolutas. Fato é que a ambição do capitão de se estabelecer financeiramente — uma preocupação que seus superiores tinham em relação ao subordinado nos tempos de caserna — estava para lá de realizada. E foi pela política que Cavalão ganhou esse grande prêmio. Nesse páreo, o político superou o capitão com vários corpos de vantagem.

CAPÍTULO 15
O "MITO" NA INTIMIDADE

Bolsonaro havia consolidado a fama de não deixar entrevistador de mão abanando. Difícil sair de uma conversa sem declarações que repercutiriam no momento seguinte. Pessoa e personagem se confundiam. Na entrevista a Luciana Gimenez no "SuperPop" em fevereiro de 2016, ele deu a entender que a figura que vendia para o consumo externo das massas, destemperado, misógino, racista e homofóbico, ficava do lado de fora de sua casa quando voltava do trabalho. Em família, era um sujeito calmo, belo, recatado e do lar:

— Você se acha machista?
— Não tem nada a ver não...
— Você trata a sua esposa que nem rainha?
— Tem que perguntar pra ela. Até hoje, eu tô há oito anos casado, sem problema.
— A sua esposa tem liberdade em casa?
— Total liberdade em casa.
— Ou você é daqueles que a palavra final tem que ser a sua?
— Vai na academia... Lógico, a gente parte do princípio, se eu viver no mundo da desconfiança, vou viver no inferno.
— Não, mas a palavra final é sua?
— Dependendo do assunto, é minha ou é dela.
— Boa, aí sim melhorou...

O deputado tem três casamentos no currículo. Casou-se em 1978 com Rogéria Bolsonaro, que conhecia desde a infância e com quem manteve, além do relacionamento amoroso — é a mãe de Flávio, nascido em 1981; Carlos, 1982; e Eduardo, 1984 —, um projeto político. Em 1992, já deputado federal, ajudou a mulher a se eleger para a Câmara dos Vereadores do Rio, a reboque do cacife eleitoral do sobrenome já consolidado nas hostes militares.

Rogéria havia militado ao lado do ex-marido nas campanhas por melhores salários para a turma verde-oliva, liderando outras mulheres de oficiais. Portanto, também auxiliara de alguma forma o marido a se eleger para o primeiro mandato na política, como vereador, e ganhara alguma notoriedade no meio. Era atuante e frequentava as seções de cartas dos jornais, convocando esposas e familiares dos militares a participar da luta por melhores condições de vida para seus maridos e parentes.

Foi eleita para a Câmara do Rio com outros 41 parlamentares, em 26º lugar, com 7.924 votos, e atuou com desenvoltura em seu primeiro mandato, tendo o trabalho reconhecido e destacado pelo presidente do PPB do Rio na época, o experimentado político Francisco Dornelles. O deputado federal Chico Alencar (PSOL-RJ), que foi contemporâneo de Rogéria no primeiro mandato da ex-mulher de Bolsonaro, testemunhou em entrevista ao jornal "O Estado de S. Paulo" que ela "foi uma vereadora com grande preocupação social, transparente e sempre presente".

Rogéria foi reeleita para o segundo mandato, em 1996, com o triplo de votos obtidos em 1992: 24.891. Manteve a produtividade em alta, apresentando propostas sobre temas como defesa da mulher, planejamento familiar, deficientes físicos e meio ambiente. Criou um comitê de ação da cidadania contra a miséria e pela vida e foi presidente da Comissão de Educação e Cultura da Casa. Enquanto ganhava luz própria, pesavam nuvens negras sobre seu casamento. Como lembrou o jornalista Luiz Maklouf Carvalho, no "Estado de S. Paulo" em 15 de abril de 2018, as desavenças conjugais começaram por essa época, quando ambos já estavam "insatisfeitos com as infidelidades de cada um". Em 1997, eles se separariam e "assumiriam os relacionamentos já existentes".

O rompimento foi além das quatro paredes. Em 2000, quando Rogéria tentou uma segunda reeleição, já não contou com o apoio de Bolsonaro, que lembrou o fim do relacionamento em entrevista à repórter Cláudia Carneiro, da revista "IstoÉ Gente", publicada em 14 de fevereiro de 2000:

— O que levou ao fim seu casamento de 19 anos?

— Meu primeiro relacionamento despencou depois que elegi a senhora Rogéria Bolsonaro vereadora, em 1992. Ela era uma dona de casa. Por minha causa, teve sete mil votos na eleição. Acertamos um compromisso. Nas questões polêmicas, ela deveria ligar para o meu celular para decidir o voto dela. Mas começou a frequentar o plenário e passou a ser influenciada pelos outros vereadores.

— Não era uma atitude impositiva de sua parte?

— Foi um compromisso. Eu a elegi. Ela tinha que seguir minhas ideias. Acho que sempre fui muito paciente e ela não soube respeitar o poder e a liberdade que lhe dei. Mas estou muito feliz na minha segunda relação. Vivo muito bem com a Cristina.

Na ocasião, Bolsonaro lançara seu segundo filho, Carlos, então com 17 anos, para concorrer com a mãe a uma vaga no Palácio Pedro Ernesto. A intenção era interromper a carreira política de Rogéria. Ela pretendia usar o sobrenome de Bolsonaro na campanha, mas o ex-marido ingressou com um processo na Justiça lhe negando isso. A ex recorreu, mas voltou a perder nos tribunais. A operação comandada pelo capitão da reserva fora cirúrgica e bem-sucedida. Com o apoio do pai, Carlos Bolsonaro foi eleito o mais jovem vereador do Rio, com 16.053 votos, enquanto sua mãe amargou uma suplência, com 5.109 votos.

Cavalão comemorou a vitória bem a seu estilo:

— Filho de troglodita, troglodita é. Não foi uma eleição de filho contra mãe, mas sim de filho com o pai. Para mim, ela já está morta há muito tempo — afirmou ao "Estado de S. Paulo", em alusão à ex, de quem havia se separado há três anos.

O fim do casamento político e amoroso não impediria Rogéria de advogar em favor de Bolsonaro, quando ele se tornou réu, em 2016, no Supremo Tribunal Federal, no processo por crime de incitação ao estupro, no episódio com Maria do Rosário. Quando a notícia foi divulgada, ela saiu em defesa do ex pelas redes sociais:

— Sou Rogéria Bolsonaro, ex-esposa de Jair Bolsonaro, e mãe do Flávio, Carlos e Eduardo. Venho a público, e espontaneamente, em sua defesa da acusação de incentivo ao estupro e suas variantes. O conheci ainda muito jovem e convivo bem até hoje com o pai de meus filhos. Durante todo esse tempo, NUNCA vi nada referente a que ele tivesse esse desvio de comportamento. É um homem normal, com suas qualidades e defeitos que todo ser humano tem. Agora, vem a mídia ratificando e já execrando-o publicamente com essa acusação absurda, inverídica e nefasta. É assustador, revoltante e nojento tudo isso. Tenho certeza que Jair Bolsonaro será absolvido simplesmente porque é inocente, simplesmente porque jamais estimulou o estupro, sempre o contrário, inclusive com atuação parlamentar extremamente oposta à acusação. A verdade prevalecerá e passará todo esse desconforto de situação agressiva, desagradável e desrespeitosa pra nossa família. Deus acima de tudo!

Em 1997, Bolsonaro juntou-se a Ana Cristina, com quem teve Jair Renan, nascido em agosto de 1998. Descoberta no fim de 1997, a gravidez não fora planejada, e o deputado chegou a pensar na possibilidade de um aborto consensual. A decisão ficou nas mãos de Ana Cristina, que decidiu ter o bebê. Ela já tinha um filho, Ivan, de outro relacionamento, que lhe deu uma netinha. Em maio de 2018, estava casada com o norueguês Jan Reymond Hansen, funcionário de uma construtora norueguesa, e trabalhava em Resende, como chefe de gabinete do vereador Renan Marassi.

Envolvida nas acusações de nepotismo contra o deputado, em entrevista ao jornal "O Globo", em dezembro de 2017, deu sua versão, negando que as contratações dela e do pai em gabinetes da família Bolsonaro tivessem relação com Renan, seu filho com Jair:

— A senhora já trabalhou em gabinetes de parentes do deputado Jair Bolsonaro?

— Tem 21 anos que trabalho com política. Trabalhei na Câmara (dos Deputados), em gabinetes de deputados, em lideranças partidárias, no Ministério da Integração, na Casa Civil, na Câmara Municipal *(do Rio)*. Sou advogada, foi sempre pelo meu mérito, nunca foi o Jair que conseguiu *(emprego)* para mim. E, sim, já trabalhei, já fiz a campanha dos filhos dele também. Já participei de 16 campanhas políticas na vida. Trabalhei no gabinete do Carlos, na Câmara *(do Rio)*. Na época não era nepotismo, foi antes da Lei do Nepotismo. Depois da lei, não trabalhei mais.

— A senhora deixou o gabinete por causa da mudança na lei?

— Não, foi antes. Eu me afastei logo depois do nosso rompimento *(casamento com Jair)*. Eu já advogava, tive que sair, fiquei só advogando. Acho que foi em 2006, mais ou menos por aí.

— Algum dos empregos que teve foi por indicação do deputado Jair?

— Se tem uma coisa que ele preza demais é o não nepotismo. Ele nunca pediu um emprego para mim, nunca. Prova disso é que, ao voltar para o Brasil *(depois de morar na Noruega)*, eu não tinha onde trabalhar. Fiquei dois anos desempregada. Só depois que trabalhei na campanha do *(vereador)* Renan Marassi, por indicação do meu irmão, amigo de faculdade do vereador.

— Sua irmã e seu pai trabalharam em gabinetes dos Bolsonaros. Foi por sua relação com Jair?

— Não tem *(relação)*. Eles trabalharam na campanha, eu trabalhei em campanhas do Carlos, do Flávio. Depois, se o político se elege, é natural que tenha uma pessoa de confiança em sua base eleitoral.

O fim do relacionamento entre Ana Cristina e Jair não foi dos mais tranquilos. Correram nas varas de família do Tribunal de Justiça do Rio pelo menos três processos, entre 2008 e 2011. Nos dois primeiros, houve disputa por bens, com mandados de busca e apreensão, solicitados por um e por outro. A primeira ação foi ajuizada por Jair; a segunda, por Ana Cristina. O terceiro processo, movido pelo deputado, foi pela guarda do filho, Renan, que chegou a morar com o pai após a separação, mas, depois de concluir o ensino médio no Rio, mudou-se para Resende. A ação foi arquivada somente em 2015.

Em meados de 2007, Bolsonaro conheceu a secretária parlamentar Michelle de Paula Firmo Reinaldo, no gabinete da liderança do PP, então seu partido. Em setembro, já engatado em novo enlace amoroso, ele a levaria a trabalhar diretamente em seu gabinete. Nove dias após a contratação, os dois assinaram um pacto antenupcial e, dois meses mais tarde, casaram-se no civil. Michelle acrescentou o sobrenome do marido ao seu.

Em 2013, prestes a completar 32 anos e frequentadora da igreja da Assembleia de Deus Vitória em Cristo, do pastor Silas Malafaia, Michelle convenceu o marido, de 57, a celebrar um matrimônio evangélico. Eles já tinham uma relação de seis anos e a filha Laura, de 2. O próprio Malafaia conduziu a cerimônia, na quinta-feira 21 de março, dia do aniversário de Bolsonaro e véspera do aniversário da própria Michelle. O casamento foi na casa de festas Mansão Rosa, no Alto da Boa Vista, na Zona Norte do Rio.

Diante de cerca de 150 convidados, pelo menos daquela vez, o deputado deixaria as declarações homofóbicas a cargo do pastor, que na celebração ressaltou a importância do papel da família e condenou a união de pessoas do mesmo sexo:

— O primeiro princípio é que Deus fez macho e fêmea. (...) Toda a história da civilização humana está sustentada no homem, na mulher e em sua prole. Deus só criou duas instituições na Terra: família e igreja. Família é homem, mulher e sua prole. Para a perpetuação da espécie, completude desse ser (...), o homem só se completa na mulher, e a mulher só se completa no homem. O resto é blá-blá-blá. Nada mais e nada menos.

Bolsonaro era só paz e amor, e exibiu um lado sensível até então desconhecido pelo grande público. Em pelo menos dois momentos, foi às lágrimas. Antes de chegar ao altar, provocara a mãe, dona Olinda: "Não vá chorar, mãe!". Mas quem estava com os olhos cheios d'água era ele. Depois, quando a orquestra tocou "Jesus, alegria dos homens", de Bach, no momento da troca das alianças, não segurou a emoção e chorou novamente. Após a insistência de Malafaia, atendeu o pedido do pastor e beijou a noiva, a quem se declarara:

— Não vou dizer que te amo, porque seria um pleonasmo, Michelle. Você é um pedaço de mim...

O filho mais velho do deputado, Flávio, comentaria à reportagem do "Último Segundo", do portal IG, que o pai amolecera, após o nascimento da caçula:

— Depois que Laura nasceu, ele ficou mais emotivo: ele chora, às vezes. Aquilo *(a imagem pública, belicosa)* é um personagem.

Os filhos costumam dizer que na intimidade o pai é bem diferente da persona que o deputado incorpora nas ruas.

— Lá em casa, ele nunca levantou a mão para a gente. Era minha mãe quem brigava conosco, e a gente corria para baixo das pernas dele para se proteger. Ele nos "deseducava" — lembrou Flávio no dia do casamento do pai com Michelle.

Carlos Bolsonaro já dissera à revista "IstoÉ", em novembro de 2000, que o autoritarismo e a truculência do pai ficaram sempre do lado de fora do lar dos Bolsonaros. Na ocasião, confirmou o que o irmão mais velho diria anos mais tarde: nunca apanhou, embora tenha recebido alguns castigos nos moldes mais brandos dos militares, como o de "pagar" algumas flexões de braço ao fazer alguma besteira.

Apesar de a família passar uma versão melhorada do capitão, como uma pessoa engraçada, tranquila e amorosa, houve ao menos um episódio que veio a público, por obra do fotógrafo Lula Marques, para contrastar com esse perfil. Lula registrou uma imagem do celular do deputado com a conversa entre Bolsonaro e o filho Eduardo pelo WhatsApp, em 2 de fevereiro de 2017. O capitão reformado tentara mais uma vez se eleger para a presidência da Câmara e fracassara de novo — obtivera somente quatro votos, um a menos do que o total de votos brancos, e ficara na lanterninha entre os seis deputados que pleitearam o cargo. O vencedor foi Rodrigo Maia (DEM-RJ), para o biênio 2017-2018, com 293 votos. Bolsonaro estava duplamente frustrado, porque, dessa vez, não tivera nem o apoio de Eduardo, ausente da sessão:

— Papel de filho da puta que você está fazendo comigo. Tens moral para falar do Renan? Irresponsável. Mais ainda, compre merdas por aí. Não vou te visitar na Papuda *(complexo penitenciário situado no Distrito Federal)*. Se a imprensa te descobrir aí, e o que está fazendo, vão comer seu fígado e o meu. Retorne imediatamente.

— Quer me dar esporro, tudo bem. Vacilo foi meu. Achei que a eleição só fosse semana que vem. Me comparar com o merda do seu filho, calma lá.

Lula Marques revelou a imagem em sua página no Facebook. A família Bolsonaro recorreu à mesma rede social para responder ao fotógrafo e publicou um vídeo, na página de Flávio, em que Jair lamentava a invasão de privacidade e explicava que aplicara um "sermão" em Eduardo, que estava na Austrália e teria dito que compraria um fuzil para o pai, no retorno pelos Estados Unidos.

No dia seguinte à publicação, o deputado voltava ao assunto na tentativa de explicar o que Eduardo estaria fazendo no exterior que poderia levá-lo à prisão, numa entrevista ao programa "Tambaú debate", da TV Tambaú, afiliada do SBT em João Pessoa, na Paraíba:

— Muitas vezes, ele esconde coisa de mim, e filho leva bronca, né? Eu soube que ele iria faltar à sessão na Câmara, então mandei um WhatsApp para ele e joguei pesado para cima dele. Ele estava na Austrália, não estava em paraíso fiscal, nem mexendo com droga. Falei: "volte imediatamente para cá" e dei essa bronca nele. Para botar uma pilha em mim, ele disse que ia comprar um fuzil nos Estados Unidos, mas não foi nada disso.

Referência para os filhos, Jair Bolsonaro não teve um bom relacionamento com o pai durante a maior parte da vida. Dado a bebedeiras e brigas dentro de casa, Percy Geraldo Bolsonaro não despertava a admiração de Jair, que ficou quase três décadas sem falar com o pai. Só acertou os ponteiros em 1995, como revelou na entrevista à "IstoÉ Gente" de fevereiro de 2000:

— Seu pai era agressivo em casa?

— Eu não conversava com ele até os 28 anos de idade. Ele bebia descaradamente e brigava muito em casa, com minha mãe e os filhos. Mas nunca bateu em filho. Um dia, constatei que não iria mudá-lo. Resolvi pagar uma pinga para ele. Nos tornamos grandes amigos.

Com sua mãe, ao contrário, a relação sempre foi afetuosa, como dona Olinda frisou numa entrevista à revista "Crescer", publicada em março de 2015. Na ocasião, a publicação repercutia a entrevista do deputado ao jornal gaúcho "Zero Hora", em que defendera salário menor para as mulheres em relação aos homens, porque engravidavam e a licença-maternidade prejudicava as empresas. Questionada sobre as declarações do filho, dona Olinda, perto dos 89 anos, emocionou-se ou pelas críticas sofridas pelo filho ou pelo que o filho dissera ao jornal:

— Dona Olinda, como a senhora criou o Jair?

— Com amor, muito amor. Não queria que fosse uma criança estúpida, bruta, falasse besteira. Dava comidinha na hora certa...

— Ele era impetuoso?

— Era humilde, manso, filho maravilhoso, nunca encrencou em nada comigo. Uma beleza de filho *(quase chorando)*, estou arrepiada de falar.

— Nunca deu trabalho, nunca foi de brigar na rua?

— Nunca. Era reservado, quieto, compreensivo *(chorando)*, um filho mesmo maravilhoso.

— Dava-se bem com os amigos?

— Brincava e jogava bola na rua, era estimado pelos coleguinhas. Procuravam ele em casa, tudo estava bem para ele. Mas era digno, não era de falar besteira.

— A senhora exigia disciplina?

— Não maltratei nunca um filho, nunca fiquei brava nem disse: "vai apanhar". Apanhar, não. A gente conversa com a criança.

— Hoje, seu filho fala coisas bastante duras e acaba arranjando briga com muitas pessoas..

— Querem que ele fale mole, não é? Esse é o modo dele de falar. Fica irritado, então, fala do jeito dele, irritado. Mas é uma boa pessoa.

— As críticas que fazem a ele não a incomodam?

— Não, eu conheço o filho que tenho.

— Hoje, seu filho fica brigando, agredindo com palavras. Houve o episódio com a deputada, disse que não merecia ser estuprada porque era feia...

— É o jeito dele. Era ele mesmo, não estava imitando ninguém. É a natureza dele.

Como é da natureza da maioria dos brasileiros, Jair Bolsonaro também gosta de futebol. Torce pelo Palmeiras, em São Paulo, e pelo Botafogo, no Rio, embora tenha sido flagrado com a camisa do Vasco no Maracanã, em solidariedade ao filho Flávio, vascaíno doente, que fora apoiar o time na partida decisiva contra o Ceará, no sábado 26 de novembro de 2016, quando o clube do Rio sacramentou seu retorno à primeira divisão do Campeonato Brasileiro. Bolsonaro também já foi visto acompanhando *in loco* competições de jiu-jítsu e de UFC, o Ultimate Fighting Championship, conhecido como vale-tudo.

O deputado alega falta de tempo para comparecer a eventos culturais ou ao cinema. Teatro? No máximo os esquetes que o comediante Márvio Lúcio levava aos palcos imitando o próprio parlamentar. Bolsonaro não abre um livro há anos; limita-se aos jornais. Seu título de cabeceira é "A verdade sufocada: a história que a esquerda não quer que o Brasil conheça", o segundo livro de memórias de Carlos Alberto Brilhante Ustra, em que o coronel reformado do Exército lembra seus anos como chefe do DOI-Codi, um dos órgãos da repressão política mais violentos na época, e ataca os movimentos de esquerda no país. Para relaxar em casa, Bolsonaro ouve Agnaldo Timóteo.

Sem muita habilidade para o esporte bretão, seu hobby é a pesca, hábito que vem desde criança, no interior de São Paulo. Já adulto, envolveu-se numa encrenca pelo uso dos anzóis: em 25 de janeiro de 2012, foi flagrado por fiscais do Ibama pescando na Ilha de Samambaia, dentro da Estação Ecológica de Tamoio, a principal unidade de conservação marinha da Baía de Ilha Grande, em Angra dos Reis, no Rio de Janeiro, onde a exploração da fauna ou da flora é proibida.

Em outubro de 2013, o Ministério Público Federal apresentou a denúncia ao Supremo Tribunal Federal. Bolsonaro foi enquadrado por crime ambiental e, segundo o artigo 34 da Lei 9.605/1998, estava sujeito a cumprir de um a três anos de prisão ou a pagar uma multa. Por falta de provas periciais — na ocasião não houve apreensão do produto da pesca nem a descrição da quantidade e do tipo de pescado —, a ministra Cármen Lúcia rejeitou a denúncia, em junho de 2015, "especialmente pela mínima ofensividade da conduta do agente, pelo reduzido grau de reprovabilidade do comportamento e pela inexpressividade da lesão jurídica provocada". Os ministros Teori Zavascki e Gilmar Mendes seguiram seu voto, mas o ministro Dias Toffoli pediu vistas ao processo, e o julgamento foi interrompido. Toffoli, no entanto, acompanharia o voto dos colegas, e a ação seria arquivada definitivamente em 15 de setembro de 2016.

Escolado por enfrentar nos tribunais acusações bem mais graves, Bolsonaro saiu dessa liso como os peixes que costuma fisgar nas horas de lazer.

CAPÍTULO 16
UM FENÔMENO NA INTERNET

Quando seu nome começou a aparecer nas pesquisas para a Presidência da República, Jair Bolsonaro não passava de um azarão na visão de especialistas, embora os números indicassem o contrário. Em abril de 2017, no mês que completava um ano em que a Câmara dos Deputados abrira o processo de impeachment contra a presidente Dilma Rousseff, o deputado do PSC-RJ liderava a corrida presidencial entre os eleitores mais ricos, alcançando 23% na faixa dos que tinham renda acima de dez salários-mínimos, segundo o Datafolha. Em meados de julho de 2017, já contabilizava de 7% a 8% das intenções de voto, segundo o mesmo instituto, e aparecia na terceira colocação com Geraldo Alckmin e José Serra, ambos do PSDB de São Paulo. Lula liderava com 23%, seguido por Marina Silva (Rede), com 18%. Nessa época, apresentava pouca penetração na classe mais pobre e menos instruída. A despeito dos índices, os cientistas políticos não acreditavam em sua vitória nas eleições de 2018. André Singer, por exemplo, analisou, assim, o desempenho do capitão reformado na revista "Piauí" de setembro de 2017:

— O que essa opção por Bolsonaro vocaliza? Um antipetismo radical? O apoio à volta dos militares? Uma onda conservadora ligada à intolerância religiosa? O sentimento anticomunista? Sim, porque, embora não exista comunismo, sabemos que o anticomunismo existe.

Singer ressaltava a boa entrada do político no grupo social do brasileiro médio, não associado à elite econômica nem à alta classe média:

— Estamos falando de famílias que ganham algo entre R$ 4,5 mil e R$ 9 mil. Uma família padrão, com quatro pessoas, que vive com R$ 5 mil por mês, pertence à classe média baixa. Ou seja, Bolsonaro parece ter começado a despertar a simpatia em um público que não é exatamente aquele que protestou na Avenida Paulista (contra Dilma Rousseff e o PT). A questão é saber como isso vai evoluir, já que a maioria das pessoas ainda desconhece o candidato. Uma coisa é certa: uma parcela do eleitorado se radicalizou. A extrema direita entrou no cenário político-eleitoral. Eles estão no jogo.

No mesmo perfil escrito pela jornalista Consuelo Dieguez sobre o parlamentar, o historiador Daniel Aarão Reis Filho via como novidade essa "saída do armário" da direita, em decorrência do fracasso de algumas políticas de esquerda:

— As direitas, por aqui, sempre recusaram este rótulo. Esta negação distorcia a realidade e gerou, em muita gente, uma espécie de autossatisfação, a ideia de que a democracia no Brasil estava consolidada e de que a direitização da sociedade fosse coisa do passado. Ao abandonar as perspectivas reformistas, em particular a ideia de reforma política ao longo de 14 anos de poder, o PT e as esquerdas não ganharam a respeitabilidade almejada junto às elites sociais e políticas.

Isso explicaria o sucesso do discurso do medo proferido por Bolsonaro, na opinião do economista e cientista político Eduardo Giannetti, também ouvido na reportagem, para quem esses medos se traduziam num temor generalizado que ia do colapso financeiro à destruição dos valores da família:

— Quanto mais ameaçador o candidato pinta o futuro, mais fácil fica vender a ideia da ordem, da rigidez, da segurança, da polícia.

Nesse quesito, Jair Bolsonaro é catedrático e se apresenta como o salvador da pátria, o cara, o único sujeito capaz de restituir os valores patrióticos ao seio de uma sociedade corrompida e esfacelada, o que o associava à mesma linhagem política de líderes ultraconservadores mundo afora, como Donald Trump, nos Estados Unidos, e Marine Le Pen, na França.

O ideário de Bolsonaro reverbera com mais força entre representantes do público masculino, cerca de 70% de seu eleitorado e, em especial, entre homens na faixa etária entre 24 e 32 anos, com renda acima de cinco salários-mínimos, moradores de cidades com mais de 50 mil habitantes no Sudeste e no Nordeste brasileiros, e com dinheiro e tempo para viver pendurado nas redes sociais. Não é à toa que o capitão da reserva investe tanto na administração de suas páginas virtuais. A base de seu eleitorado, cuja faixa representa hoje cerca de 25 milhões de pessoas na pirâmide social brasileira, forma um grupo que não acredita nos canais tradicionais de participação política, é mais afeito a soluções simplistas para o combate à criminalidade — muitas vezes desconsiderando a importância dos direitos humanos — e cujos membros acabam se transformando em fervorosos cabos eleitorais virtuais do deputado, com enorme potencial de repercussão nas redes.

Num vídeo caseiro que viralizou pela web, o deputado fez graça de sua popularidade na rede. Ao registrar o momento em que atualizava 1.546 conversas no WhatsApp, seu celular parecia um daqueles painéis de bolsas de valores em dia de pregão tresloucado, quando não dá tempo de os operadores sequer registrarem o valor das ações. Os grupos de "zap zap" do deputado são os mais variados, de todos os cantos do Brasil, e fazem referência à direita, aos militares e à polícia, usando códigos e jargões em suas denominações: Direita Jacobinense/BA; Direita É o Poder!; Família Bolsonaro; Direita Região dos Lagos; Direita Minas; O Levante da Direita; Bolsomito da Opressão; Direita Opressora 3.0; Os Bolsomitos; BolsoMIto2018; Clã; Diretoria; Direita Agreste; Bolão Resenha R$ 10,00; SWAG; Direita Minas; Paraíba Connection; Direita Ativa; GP Tomado; Balotiação; Anjos Guardiões; Papa Mike Brasil; Conexão Polícia; Os Conservadores; Admiradores Pmesp; Direita Patriota; Parada Hétero; Jovem Militar do Brasil; Faca na Caveira; Dia a Dia MS 2; Opinião & Debate Político; Vamos Invadir Brasília; entre outros.

Bolsonaro administra as redes com a ajuda dos filhos, mas é ele quem controla tudo. Nada é postado sem a autorização dele, que volta e meia publica um vídeo, comentando algum episódio da política. Algumas dessas postagens ultrapassam um milhão de visualizações. O deputado comanda um exército de influenciadores e coordena as ações a partir de seu primeiro pelotão, formado por Zero Um (Flávio), Zero Dois (Carlos) e Zero Três (Eduardo). Em operações orquestradas, conquista território também no Twitter, a partir das postagens que o clã dispara de seus perfis particulares.

Com essa estratégia, transformaram Jair Bolsonaro em referência nas discussões sobre corrupção e segurança nas redes sociais. Essa primazia só foi ameaçada no anúncio da intervenção federal no Rio. Segundo dados da Diretoria de Análise de Políticas Públicas da Fundação Getulio Vargas (DAPP Report), instituição com foco também nas redes sociais, na semana entre 15 e 21 de fevereiro de 2018, foram identificadas 2,3 milhões de postagens no Twitter sobre o tema segurança pública, 910 mil das quais sobre a intervenção — o equivalente a 39,5% do total. Michel Temer foi citado em 102,2 mil publicações (5%), enquanto Jair Bolsonaro, principal ator eleitoral normalmente associado à temática, foi mencionado em 57 mil tuítes:

> Na associação específica dos candidatos às principais agendas públicas do Brasil, quem mais perdeu espaço para Temer foi Bolsonaro. O deputado federal sempre foi, com sobras, o ator de maior associação à segurança — protagonismo que Temer conseguiu disputar ao longo da semana e foi objeto de críticas por adversários de diferentes espectros políticos.

Ao mesmo tempo, Bolsonaro tentou ganhar terreno no debate econômico, em que sua presença nas redes é tímida. A estratégia foi apresentar medidas mais concretas e tentar reverter o fato de ainda não dispor de um plano para a economia do país. De acordo com o relatório da DAPP Report, em 3 de maio de 2018, Bolsonaro passou a ser mais citado por posicionamentos eleitorais e propostas específicas como o apoio ao agronegócio:

> (...) Ainda destaque absoluto no debate de segurança pública, passou a aparecer em discussões sobre outros temas, sobretudo no que diz respeito à economia. Sob o contexto econômico, o deputado federal surge de forma polarizada e impulsionada pela participação em eventos e em entrevistas sobre o assunto, que são usadas por adversários para criticá-lo.

Nas redes sociais, já desde 2015, quando se intensificou o apoio ao impeachment de Dilma, Bolsonaro passou a disputar com Lula o protagonismo nos debates entre esquerda e direita, ocupando o espaço que, até 2014, era do PSDB. Isso se refletia no volume de menções a ambos nas redes sociais. Apenas entre 1º de abril e 29 de maio, de acordo com dados da DAPP Report, Bolsonaro foi citado mais de 2,9 milhões de vezes no Twitter, seja por apoiadores ou críticos, enquanto Lula (preso após se entregar à polícia no começo de abril) é mencionado 10,9 milhões de vezes.

No mesmo período, Temer, por exemplo, foi citado também em 2,9 milhões de tuítes, volume semelhante ao de Bolsonaro, embora esteja diretamente envolvido, na condição de presidente, em todos os grandes debates de âmbito nacional da política. Nenhum outro chegava sequer a 500 mil referências na rede social — o que evidenciava a força que Bolsonaro e Lula possuíam em diferentes grupos de seguidores nas redes sociais, também do ponto de vista negativo e crítico.

A polarização entre Lula e Bolsonaro só se exercia nas discussões de maior impacto nas redes sociais, porque cada lado mantinha fiel grupo de militância na web, responsável por propagar, compartilhar e estimular a condução do debate sobre temas de interesse dos alinhamentos partidários. Mesmo quando não atua diretamente, Bolsonaro coloca a tropa para batalhar. Foi assim no episódio do assassinato da vereadora carioca Marielle Franco (PSOL), na quarta-feira 14 de março de 2018, como observou o relatório da DAPP Report:

> O assassinato da vereadora Marielle Franco obteve impacto internacional, estampou a capa dos principais jornais do mundo e, de forma expressiva, modificou o debate público no Brasil sobre diferentes pautas, da segurança pública à conjuntura eleitoral. Desde as 22h de quarta-feira 14 de março até 0h de quarta-feira 21, a FGV DAPP identificou 156,8 mil postagens no Twitter associando Marielle aos presidenciáveis — à direita e à esquerda —, com notável presença de referências ao único dos principais candidatos que não se manifestou: o deputado federal Jair Bolsonaro (PSL-RJ). (...) De 14 a 21 de março, o maior volume absoluto registrado foi em relação a Bolsonaro: 80,9 mil publicações mencionam a vereadora junto ao deputado ou a qualquer um de seus filhos políticos, representando 19,8% de todo o debate sobre o deputado no período (apenas entre 14 e 17 de março foram 57,5 mil menções). Temer é destacado em 34,4 mil publicações (15%), e Lula, em 44,2 mil (6,4%). O impacto proporcional mais notável, entretanto, foi no engajamento de postagens sobre Manuela e Boulos, que compartilham espaço parecido no espectro político e ideológico das redes sociais e mobilizaram seguidores a defender o legado da vereadora, com críticas a notícias falsas e posições negativas quanto à morte de Marielle. Cerca de 40% das 19,7 mil postagens sobre Boulos de

14 a 21 de março fizeram referência à companheira de PSOL, e 23,2% das 28,8 mil publicações sobre a presidenciável do PCdoB.

A disputa nas redes sociais não respeitava nem os feriados e havia invadido o carnaval de 2018, como registrou a DAPP Report no relatório de 15 de fevereiro:

> O Carnaval no eixo Rio-São Paulo foi o principal fator de influência no debate sobre os presidenciáveis na última semana. Lula e Jair Bolsonaro, por exemplo, enquanto ainda líderes absolutos em debate, foram identificados com o conteúdo político do desfile da Paraíso do Tuiuti e da Beija-Flor. Lula, em especial, foi muito citado por conta das críticas que as escolas fizeram a questões atuais do país, com Bolsonaro convocado à mesma discussão como a figura que representa "antagonismo" ao petista.

Em 15 de abril, um mês após o assassinato de Marielle, a ida do ex-presidente Lula para a cadeia motivou 5,6 milhões de menções e trouxe reflexos sobre o cenário político-eleitoral e sobre a agenda nacional, com ênfase nas discussões de temas como corrupção e confiança na Justiça. No tabuleiro do jogo político, há claramente uma batalha campal no terreno virtual entre bolsonaristas e lulistas:

> (...) podemos ver o maior grupo participando do debate, que corresponde a 42,46% dos perfis (...) muito preocupado com a possível eleição de Bolsonaro como presidente frente à prisão de Lula, único candidato que impedia o deputado de se tornar o nome mais cotado para ganhar em outubro, além de criticar a desigualdade dos processos de corrupção no judiciário. Os principais influenciadores do grupo foram @infinitycuban, @harryegirl e @fudidaria, com 16.933, 11.529 e 8.409 retuítes, respectivamente. No tuíte mais compartilhado, o autor @infinitycuban diz entender até mesmo que Lula ainda possui seguidores, mas questiona como Bolsonaro pode ter eleitores dado que ele "não ajuda" o país nem politicamente nem economicamente. O segundo tuíte mais popular no grupo, de @harryegirl — como muitas outras postagens difundidas no grupo — critica a prisão de Lula dada a liberdade de tantos outros políticos com supostas provas de corrupção, como Aécio e Temer. No grupo

(...) composto por mais de 23% dos perfis interagindo na discussão (...) encontramos o perfil do deputado federal Eduardo Bolsonaro (@BolsonaroSP), o pré-candidato Jair Bolsonaro (@jairbolsonaro) e o perfil @Desesquerdizada, contando com 15.477, 3.996 e 3.840 retuítes. De forma geral, o grupo comemora a prisão de Lula e critica petistas e a esquerda. Também defendem o comandante general Villas Bôas e criticam o posicionamento da esquerda de polemizar a postagem do mesmo. O tuíte mais popular no grupo, de @flaviomorgen, faz piada sobre a tristeza petista, dizendo para eles não chorarem por Lula ser preso, e sim porque Bolsonaro vai ganhar as eleições. Outro tuíte com grande aceitação no grupo foi feito por @o_ruralista e dá a entender que, se a esquerda não estivesse ocupada criticando a CBF, o pato do Fies, os panelaços, além de prender Lula, Cunha e Maluf, já teriam conseguido prender Temer, Aécio e Alckmin. Outra postagem bem disseminada foi uma crítica aos líderes de esquerda que, apesar de continuamente fazer declarações antidemocráticas, criticam o general Villas Bôas por acharem seu tuíte ditatorial. Jair Bolsonaro, por sua vez, critica o pedido de Lula de transferência para dependências militares, já que "para a esquerda o militar sempre foi sinônimo de tortura e desrespeito aos direitos humanos".

Nesse embate, o deputado passou por maus bocados após a notícia de que a Procuradoria-Geral da República apresentara denúncia contra ele por crime de racismos, como relatou a DAPP Report em 19 de abril:

O deputado Jair Bolsonaro (726,7 mil tuítes) superou o petista em menções no sábado, 14 de abril, por conta da denúncia contra o deputado federal, por racismo, protocolada na sexta-feira (13) pela Procuradoria-Geral da República. Por isso, Bolsonaro é associado a Marina, Barbosa e a outros candidatos que despontam como possíveis concorrentes no segundo turno. Fernando Haddad e Jaques Wagner, ambos mencionados como substitutos de Lula, pouco se movimentam nesse debate até o momento, com baixo volume de referências. O maior grupo interagindo no Twitter é composto por perfis que se colocam contra o deputado Jair Bolsonaro. O grupo representa 56,52% dos usuários engajados no debate sobre os atores políticos, e seus principais influenciadores foram @luizguiprado,

@radcula e @harryegirl com 53.693, 18.501 e 16.354 compartilhamentos respectivamente. Entre as menções, os usuários, além de criticarem Bolsonaro, relembram falas politicamente incorretas do deputado. A mensagem mais compartilhada no grupo contesta os argumentos usados por eleitores do Bolsonaro para defenderem o deputado (...) O segundo maior grupo engajado no debate dos atores políticos é formado por perfis que se unem por apoiarem Bolsonaro e sua candidatura, o que explica a posição privilegiada do deputado e de seus filhos como influenciadores do grupo. Com 21,45% dos perfis, o grupo inclui ainda usuários que se colocam contrários ao PT e a Lula. Por conta disso, o principal tuíte do grupo foi de @DaniloGentili, no qual o comediante compara, de forma pejorativa, Lula a um personagem de série. Outros tuítes com relevante circulação dentro do grupo foram do próprio Jair Bolsonaro, que se defende das críticas a seus posicionamentos vistos como politicamente incorretos. Em um de seus principais tuítes na discussão, o deputado chama a atenção para o editorial do "Estadão" do dia 16 de abril que fala da pressão feita pelo PT ao Supremo Tribunal Federal para que haja a soltura de Lula a fim de evitar a eleição de Bolsonaro. O deputado critica a denúncia de racismo, misoginia e homofobia feita contra ele pela Procuradoria-Geral da República como orientada para tirá-lo do pleito presidencial.

Mas o capitão da reserva também sabe se defender sozinho. Uma semana depois, o deputado respondia com ironia à reportagem da revista "Veja" que atribuía a ele o uso de perfis falsos na internet:

(...) Seus principais influenciadores foram @jairbolsonaro, @BolsonaroSP e @o_antagonista, contabilizando respectivamente 26.749, 24.406 e 13.254 retuítes. O grupo se une pela crítica a Lula, ao PT e à esquerda em geral, e também é composto por muitos apoiadores da família Bolsonaro. O principal tuíte do grupo é do deputado Jair Bolsonaro e compartilha um vídeo no qual o general Antônio Hamilton de Mourão expressa apoio à sua candidatura. A segunda principal postagem também é do deputado, e ironiza reportagem da revista "Veja" que o acusa de usar perfis falsos para impulsionar a sua campanha na internet. No tuíte, Bolsonaro diz em tom irônico ser um "robô de última geração somente detectado com inteligência artificial". Em outra mensagem publicada na rede social, o deputado diz ainda que seus robôs são o "povo brasileiro". Outros internautas também saem em defesa do deputado, afirmando serem falsas as acusações do uso de robôs por Bolsonaro.

Os partidários de Lula no campo virtual enfrentavam duas batalhas simultâneas, contra o governo Temer e Bolsonaro. E os temas abordados refletem com clareza isso: reiteração dos avanços sociais nos governos petistas e a defesa de programas de acesso ao ensino, à saúde e ao investimento estatal, com o governo como condutor das políticas de redução da desigualdade.

Os temas em torno da figura de Bolsonaro eram todos, na essência, contrários ao establishment, com maior ênfase na rejeição total à classe política, seja alinhada à esquerda, seja alinhada aos núcleos tradicionais da direita no Brasil. Essa rejeição às instituições políticas do Executivo e do Legislativo, nas esferas sobretudo federal e estadual, demarcava a substituição do PSDB como dono das bandeiras da direita e da centro-direita no processo eleitoral. Depois da eleição de Dilma Rousseff em 2014, era Bolsonaro quem capitalizava o combate à corrupção, a defesa da Lava-Jato e do endurecimento nas ações policiais e militares contra a violência cotidiana. Ou seja: a retórica da "nova direita" encampada por Bolsonaro se sustentava, principalmente, a partir da segurança pública, da defesa da ética na política, na valorização de bandeiras conservadoras no comportamento social, e negação dos movimentos de promoção de minorias.

Assim, em muitos aspectos, a ascensão de Bolsonaro nas redes sociais passou a responder à emergência de um núcleo político que, capitalizado pela militância, procurava se fazer antítese do petismo e, de quebra, contrariar os consensos que o PT compartilhava com as forças políticas do centro. Por exemplo, o apoio às operações de combate à corrupção, que atingiram todas as legendas que estiveram no poder desde a redemocratização, e à oposição a demandas de natureza comportamental: legitimidade do casamento gay, o aborto e a descriminalização das drogas. Com o aumento do apoio a Bolsonaro, que demonstrou saber ler melhor as dinâmicas das redes sociais que outros núcleos da direita e da centro-direita, estes precisaram inclusive endireitar-se, para se adaptar aos valores propagados e apoiados pelos fãs do deputado.

Mais do que no Twitter, esse "endireitamento" era exercido no Facebook, rede social na qual, em maio de 2018, Bolsonaro tinha 5,4 milhões de seguidores, contra 3,4 milhões de Lula e 3,1 milhões de Dilma. Geraldo Alckmin, o principal nome tucano naquele momento, tinha 921 mil, mas Alvaro Dias, ex-senador do PSDB e que nos últimos anos buscou se afastar da associação com a política tradicional, em alinhamento às bandeiras da anticorrupção sistêmica e da defesa de valores conservadores, apresentava 1,1 milhão. Ainda segundo os dados dos relatórios da Fundação Getulio Vargas, era Dias quem, há mais tempo, conseguia agregar apoio e interações de forma regular no Facebook, com estratégia de intenso volume de publicações e forte presença on-line em oposição ao PT. Bolsonaro, nas redes sociais, era mais dedicado a se posicionar como alternativa diante dos demais políticos, e por anos evitou se concentrar apenas em Lula e Dilma como alvos de crítica. Apenas em 2018, com a aproximação das eleições em outubro, passou a fazer postagens mais específicas sobre o PT e o legado petista.

Por isso, chegado o período eleitoral, passou a haver uma equivalência entre os momentos de maior engajamento de Bolsonaro e Lula. O que acontecia com um acabava se refletindo no outro, com os demais políticos muito menos presentes nos debates da internet. Quando Bolsonaro e membros de sua família foram objeto de reportagens sobre o patrimônio que acumularam, Lula e seus seguidores se posicionaram; quando o ex-presidente foi julgado e preso, Bolsonaro e seus seguidores também se manifestaram. Como guardião da nova direita, o deputado federal tornou-se alvo da oposição.

Com a decretação da prisão de Lula, a candidatura de Jair Bolsonaro ganhou mais fôlego. Uma pesquisa do Datafolha havia apontado que, em janeiro, o ex-presidente atingia um patamar entre 34% e 37%, em cinco cenários diferentes. No levantamento de abril, com Lula preso, sua liderança caiu para um percentual entre 30% e 31%, num cenário em que ainda se incluía a candidatura do ex-ministro do STF Joaquim Barbosa, enquanto Bolsonaro apareceu isolado em segundo lugar, com 15%, à frente de Marina Silva, com

10%; Joaquim Barbosa, com 8%; Geraldo Alckmin, com 6%; Ciro Gomes (PDT), com 5%; Alvaro Dias (Podemos), com 3%; Manuela D'Ávila (PCdoB), com 2%; e Rodrigo Maia (DEM), Fernando Collor de Mello (PTC), Henrique Meirelles (MDB) e Flávio Rocha (PRB), com 1%. João Amoêdo (Partido Novo), Guilherme Boulos (PSOL), Paulo Rabello de Castro (PSC) e Afif Domingos (PSD) não chegavam a 1%, e os votos em branco ou nulos somaram 13% — 3% não opinaram.

Bolsonaro voltava a mostrar força entre os mais instruídos (21%, ante 20% de Lula, 15% de Barbosa e 8% de Marina), nas faixas de renda acima de dois salários-mínimos (entre os mais ricos, com renda acima de dez salários, o capitão reformado chegava a 29%, ante 18% de Lula, 12% de Barbosa e 4% de Marina), mas perdia de lavada nos segmentos de menor escolaridade (7%, ante 38% de Lula e 9% de Marina) e de menor renda (9%, ante 39% de Lula e 11% de Marina).

Em maio, nova sondagem, dessa vez produzida pelo Instituto MDA Pesquisa, atestou que, mesmo preso desde 7 de abril, Lula continuava liderando a corrida presidencial com 32,4% das intenções de voto, à frente de Jair Bolsonaro, com 16,7%; Marina Silva, com 7,6%; Ciro Gomes, com 5,4%; e Geraldo Alckmin, com 4%. E não teria adversário capaz de batê-lo também no segundo turno, superando Alckmin (44,9% a 19,6%), Bolsonaro (45,7% a 25,9%), Henrique Meirelles (47,1% a 13,3%), Marina Silva (44,4% a 21%) e Temer (49% a 8,3%). Sem Lula no páreo, porém, Cavalão assumiria a ponta, com 18,3%; seguido por Marina Silva, com 11,2%; e Ciro Gomes, 9%, mas ficaria em empate técnico com ambos, se os enfrentasse em segundo turno, devido à margem de erro de 2,2 pontos percentuais: 27,2% das intenções de voto para cada um, com Marina; e 28,2% a 24,2% ante um pleito contra Ciro.

Para alguns analistas, o fato de Bolsonaro não disparar nos embates mano a mano em segundo turno indicaria que o parlamentar já estaria batendo no teto que poderia alcançar, o que o garantiria, talvez, no segundo turno, mas com poucas chances de vitória. Essa foi a opinião do cientista político Marco Antonio Carvalho Teixeira, professor da Fundação Getulio Vargas (FGV), em entrevista ao jornal "O Estado de S. Paulo":

— Nesse caso, acho que a rejeição a ele prevalece.

Bolsonaro chegara até ali muito pela força de sua atuação na internet, mas, embora 65% da população brasileira já esteja conectada à web, segundo dados da Pesquisa Nacional por Amostra de Domicílios Contínua, do IBGE, coletados em 2016, as redes sociais ainda não podem ser consideradas decisivas numa eleição, como Marco Antonio Carvalho Teixeira afirmou a "O Globo", quando da divulgação do levantamento do Datafolha em abril:

— Marina e Bolsonaro têm um bom ponto de partida, mas dificilmente conseguem se sustentar até a reta final. A campanha não é na internet, é no corpo a corpo na rua. E a televisão é o melhor modo de entrar na casa das pessoas — pontuou o cientista político da FGV, em referência ao pouco tempo de TV que ambos teriam nas eleições de 2018.

Na mesma ocasião, o cientista político Fernando Schüler, do Insper, disse ao jornal que Bolsonaro é fruto da guerra cultural na internet e que, possivelmente, teria dificuldade de continuar crescendo após o início dos debates eleitorais e da defesa dos programas de governo:

— É até possível que um outsider se eleja. Mas, se seguirmos o histórico de outras eleições, a tendência é que, quando a máquina partidária começar a funcionar, os políticos tradicionais cresçam.

O sociólogo e cientista político Antonio Lavareda, por fim, avaliava o cenário de maneira um pouco diferente. Ele acreditava que o tempo de TV teria menos influência no resultado final da eleição, e que partidários de Bolsonaro poderiam equilibrar a disputa:

— A estrutura faz diferença, embora quase tudo seja possível na eleição deste ano.

O desafio de Jair Messias Bolsonaro continuava a ser, portanto, o de multiplicar no mundo real os peixes que haviam caído em sua rede virtual. Para isso, recorreu, num primeiro momento, ao cada vez mais rendoso — política e financeiramente falando — eleitorado evangélico. Aproximou-se desse rebanho avalizado pelo pastor Everaldo Dias Pereira, presidente do Partido Social Cristão (PSC) e um dos líderes da Assembleia de Deus Ministério Madureira, no Rio. Incentivado pela mulher, Michelle, a frequentar os cultos da Igreja Batista Atitude, na Barra da Tijuca, no Rio, Bolsonaro passou a prestigiar também eventos evangélicos pelo Brasil, como o 36º Congresso

Internacional de Missões dos Gideões da Última Hora, em Camboriú, em Santa Catarina.

Católico apostólico romano de formação, o parlamentar foi rebatizado no Rio Jordão, em Israel, em cerimônia conduzida pelo pastor Everaldo, em maio de 2016, no mesmo dia em que a presidente Dilma Rousseff sofria o impeachment no Senado. Após o batizado, passou a se autointitular "cristão" e a defender valores "judaico-cristãos". Com a nova estratégia, angariou a simpatia de parte da comunidade judaica no país, posicionando-se ao lado do governo israelense nos conflitos com a Palestina.

Hoje, o capitão reformado é apoiado em sua campanha presidencial por nomes de peso da bancada e do lobby evangélico no Congresso, como o do pastor Silas Malafaia, da Assembleia de Deus Vitória em Cristo, e do pastor e senador Magno Malta (PR-ES), segundo ele, o vice que gostaria de ter em sua chapa.

Tais apoios nunca esconderam, contudo, o isolamento político que vive no Congresso e que sempre colocou em suspeita sua capacidade de presidir o país, caso se elegesse. Questionado pela "Piauí" sobre o seu grau de governabilidade, disse:

— Nós tivemos que entubar o PCdoB no Ministério da Defesa. Mas, se eu chegar à Presidência em 2018, vou colocar nosso pessoal lá. Não só na Defesa, mas no ministério todo. Não vai ter espaço pra gente de outra ideologia. O PT nunca botou um general em lugar nenhum. Por que eu vou ter que botar alguém da esquerda no meu ministério? Não quero negociação com PT, PCdoB e PSOL. Eu quero que sejam varridos do mapa. O perfil do próximo Congresso vai ser mais à direita. E não vai ter filhinha de papai pedindo cargo para a amiguinha.

Individualmente, Bolsonaro tem muitos votos. Os mirrados 11.062 votos obtidos para vereador em 1988 se transformaram em 67.041, dois anos depois, quando foi eleito para seu primeiro mandato de deputado federal: ficou em sexto lugar entre os mais votados. Quatro anos mais tarde, Bolsonaro já aparecia em terceiro, com 111.927 e manteve mais ou menos este patamar nas quatro eleições seguintes: 1998, 2002, 2006 e 2010. Em 2014, assumiu o primeiro lugar: obteve 464.572 votos, 130 mil a mais do que Clarissa Garotinho (PR), a segunda colocada, e o dobro de Eduardo Cunha (PMDB), o terceiro.

Os filhos têm colhido frutos da força de Bolsonaro no cenário político. Em 2014, Eduardo foi eleito por São Paulo para a Câmara Federal com 82.224 votos. Já Flavio registrou a marca de 160 mil votos para deputado estadual do Rio, atrás apenas de Marcelo Freixo (PSOL), com 350.408 votos, e Wagner Montes (PSD), com 208.814. Em 2016, Carlos Bolsonaro foi o mais votado para a Câmara do Rio, com 106.657. Embora não se somem, já que há superposições nos votos de pai e filhos, a família Bolsonaro, pode se estimar, detinha mais de meio milhão de votos entre Rio e São Paulo, em 2016, um número expressivo, mas insuficiente para representar um fenômeno nas urnas.

Na tentativa de emprestar alguma credibilidade a seu projeto político, Bolsonaro aproximou-se de alguns conselheiros "notáveis", como o economista Adolfo Sachsida, pesquisador do Instituto de Pesquisa Econômica Aplicada (Ipea) e líder do Movimento Brasil Livre (MBL) em Brasília; o economista Paulo Guedes, um dos fundadores do Banco Pactual, cotado para o Ministério da Economia num eventual governo bolsonarista; e o filósofo Olavo de Carvalho, um dos principais ideólogos do conservadorismo brasileiro, radicado nos Estados Unidos. Olavo organizou uma caravana do deputado pelos EUA em outubro de 2017, em que planejava apresentar o parlamentar a autoridades do Partido Republicano e do governo Trump, investidores e empresários norte-americanos, mas teve a agenda suspensa devido a protestos numa universidade onde haveria uma palestra de Bolsonaro.

O pré-candidato à Presidência da República sabia o quanto esse corpo a corpo era importante para suas pretensões políticas. Tanto que aumentou no que pôde a frequência das viagens pelo Brasil, aproveitando as oportunidades para amplificar pelas redes sociais o alcance dessas visitas. Foram publicados diversos vídeos em que era recebido com euforia pela população local, aos gritos de "Mito". Ocorre, porém, que para cada aparição dessas os passos precisavam continuar a ser estudados. O parlamentar só viajava para onde era convidado por seu séquito local, formado por deputados estaduais e federais, e por empresários regionais. Ultrapassar o cordão da rejeição popular e chegar ao coração das mulheres e dos mais pobres ainda era um desafio. Para a maior parte do eleitorado, porém, Bolsonaro continuava a ser apenas uma piada sem graça, como as blagues politicamente incorretas de Bolsonabo, o personagem do comediante Márvio Lúcio no finado programa "Pânico na Band".

***

AGRADECIMENTOS

Aos amigos que se dispuseram a conversar sobre o projeto, emprestando seus ouvidos e sua sabedoria para amainar minhas angústias, meu muito obrigado. Agradeço também à minha família, pela paciência, pelo apoio e pelo incentivo incondicionais, sem os quais não teria dado conta do desafio de escrever este livro.

FONTES DE PESQUISA

LIVROS:

BOLSONARO, Flavio. *Mito ou Verdade – Jair Messias Bolsonaro*. Rio de Janeiro: Altadena, 2017.

JOSÉ, Emiliano e MIRANDA, Oldack. *Lamarca: o capitão da guerrilha*. 2ed. São Paulo: Global Editora e Distribuidora Ltda, 1980.

REVISTAS, JORNAIS E SITES:

Banco Central
Crescer
Departamento Intersindical de Estatística e Estudos Socioeconômicos (Dieese)
Época
Estado de S. Paulo
Folha de S. Paulo
Fundação Getulio Vargas (FGV)
O Globo
Globo.com
IG
IstoÉ
IstoÉ Gente
Jornal de Notícias
Jornal do Brasil
newspapers.com
New York Times
Piauí

Playboy
Politize!
Portal da Câmara dos Deputados
R7
Superior Tribunal de Justiça (STJ)
Supremo Tribunal Federal (STF)
Terra
Tribunal de Justiça do Distrito Federal (TJ-DF)
Tribunal de Justiça do Rio de Janeiro (TJ-RJ)
Tribunal Regional Eleitoral (TRE-RJ)
Tribunal Superior Eleitoral (TSE)
Uol
Valor Econômico
Veja
Wikipedia
YouTube
Zero Hora

NOTA DO EDITOR

Este é um livro jornalístico, escrito com base em pesquisas, sem filtro ideológico. Em vários momentos foram reproduzidos na íntegra entrevistas e pronunciamentos do deputado Jair Bolsonaro, com a finalidade de preservar o contexto e as circunstâncias de suas declarações.

O trabalho está em conformidade com o Art. 5º da Constituição*, que assegura o direito de informar e do cidadão de ser informado. Ainda assim, se algum leitor detectar qualquer imprecisão ou incorreção nos fatos narrados, os editores se propõem a reexaminá-los e a fazer correções. Para isso, é necessário enviar a informação ao endereço contato@maquinadelivros.com.br.

*Art. 5º: Todos são iguais perante a lei, sem distinção de qualquer natureza, garantindo-se aos brasileiros e aos estrangeiros residentes no País a inviolabilidade do direito à vida, à liberdade, à igualdade, à segurança e à propriedade, nos termos seguintes:

XIV - é assegurado a todos o acesso à informação e resguardado o sigilo da fonte, quando necessário ao exercício profissional.

www.maquinadelivros.com.br

Este livro foi diagramado por Mariana Erthal
e impresso na gráfica Kunst em julho de 2018,
utilizando as fontes Garamond Premier Pro e Impact